# reír

# crecer

# vivir

**Reflexiones que pintarán tu sonrisa
y encenderán tu corazón**

# OSÉ LUIS NAVAJO

# reír

# crecer

# vivir

**Reflexiones que pintarán tu sonrisa
y encenderán tu corazón**

# JOSÉ LUIS NAVAJO

GRUPO NELSON
Una división de Thomas Nelson Publishers
*Desde 1798*

**REÍR, CRECER, VIVIR**
Publicado por Grupo Nelson
Nashville, Tennessee
Grupo Nelson es una marca registrada de Thomas Nelson.

Thomas Nelson es una marca registrada de HarperCollins Christian Publishing, Inc

© **2024 José Luis Navajo Ayora**
Este título también está disponible en formato electrónico y audio

# CONTENIDO

# INTRODUCCIÓN

Me dicen en ocasiones que hago llorar con mis escritos. Lo comentan como un elogio, pero tal aseveración me deja reflexivo. Si el que provoco es un llanto curativo, lo doy por bueno, porque lo cierto es que, cuando escribo, a menudo la tinta y las lágrimas se mezclan sobre el papel; pero me parece importante aclarar que no es un llanto de amargura. Si lo que me empujase a escribir fuera el dolor tóxico, el resultado nunca vería la luz. Jamás creé desde el resentimiento, porque lo redactado desde la amargura amarga, y lo escrito desde la herida abierta indefectiblemente hiere. Pero hay un llanto terapéutico, nunca lo dudes, el alma no tendría arcoíris si los ojos no tuvieran lágrimas. Las que vierto al escribir son lágrimas de gratitud y asombrada perplejidad ante la inmensa gracia de Dios.

Dicho esto, quiero aclarar que soy un defensor militante de la risa. Siento profunda simpatía por quienes enfrentan la vida con el arma juiciosa de sus carcajadas y comparto la opinión de Leonardo Da Vinci, quien dijo que, si fuera posible, deberíamos hacer reír hasta a los muertos. Incluso soy tentado a asentir ante la aseveración del Corán, cuando afirma que «quien hace reír a sus compañeros merece el paraíso», porque el mundo, estoy convencido de ello, necesita desesperadamente reírse.

La vida es, antes que nada y por encima de todo, alegría. Sin embargo, me parece injusto desdeñar el dolor porque su rostro sea más oscuro. No seamos racistas del alma.

Amo la risa. Soy una persona con gran sentido del humor, pero eso no me impide coincidir con estas palabras atribuidas a Lord Byron: «Es posible ver más lejos a través de una lágrima que por un telescopio».

Disfruto del radiante sol del mediodía y a la vez procuro recordar que hay frutas que solo maduran bajo la luz de la luna. Uno de mis máximos deleites consiste en tumbarme de espaldas sobre la hierba y adivinar la forma caprichosa que adquieren las nubes, pero los cielos más hermosos siempre los contemplé en los lugares más oscuros.

La vida es una sucesión de primaveras e inviernos, otoños y veranos. Nuestros días son matizados por el calor de la sonrisa y por la humedad de las lágrimas, lo mismo que por épocas de radiante salud y lacerante enfermedad.

Que la risa es una efectiva terapia es un hecho indiscutible, pero que el dolor aporta remedios exclusivos también lo es. En lo personal, he comprobado que los libros que escribí en las noches más oscuras del alma fueron los que proyectaron más luz al corazón de mis lectores, porque cuando las letras se impregnan en los sentimientos multiplican su impacto.

Pudiera ser que en este instante tengas mil preguntas y ni una sola respuesta. Es posible que hayas amanecido con mil razones para llorar y ni una sola para reír. Permíteme, te lo ruego, acompañarte en esta jornada. Quiero recordarte que hay noches en las que todo son preguntas, pero amanece el día en que llegan las respuestas.

Si te duele, ¡llóralo! Llóralo en lágrimas, o en oración, o en canción, o en páginas de un libro, pero no lo dejes dentro, porque lo que no lloran los ojos termina llorándolo el cuerpo.

Llora un río si es preciso, pero luego construye un puente y sigue avanzando.

Quiera Dios que en este libro encuentres el material para construir esa pasarela. A menudo, el camino se pone cuesta arriba y las circunstancias aprietan. Llegan momentos en los que necesitamos que algo curve las comisuras de los labios hacia arriba, mientras los problemas tiran del alma hacia abajo.

Sí, ya sé que vale más un gramo de fe que una tonelada de estímulos. Pese a ello, me propuse volcar incentivos sobre el papel: pensamientos, relatos y recuerdos que prendan luces en nuestra noche.

Todos al nacer ya sabemos llorar; necesitamos aprender a reír.

A Teresa de Calcuta se le atribuye la siguiente frase: «Encuentra el tiempo de pensar, encuentra el tiempo de orar, encuentra el tiempo de reír». Es mi ferviente deseo que las páginas que siguen te muevan justamente a eso: a la reflexión, a la oración y a la risa.

«El tiempo que pasa uno riendo es tiempo que pasa con los dioses». Así reza un proverbio japonés. Pero ¿por qué conformarnos con dioses cuando podemos fraternizar, crecer y reír con el mismo Dios?

La presente obra consta de cuarenta reflexiones. Mi sugerencia es que cada día leas una y luego medites en ella. Este es un libro cuya lectura recomiendo en pequeñas dosis, con el fin de ser paladeado y degustado, extrayendo todos los nutrientes.

Ingerir y digerir, repasar y reposar... es la clave para que una reflexión adquiera el peso de convicción.

Y te sugiero que mientras lees declares con fe la gran verdad de que

> Entonces nuestra boca se llenó de risa, y nuestra lengua de gritos de alegría. Entonces dijeron entre las naciones: «Grandes cosas ha hecho el Señor con ellos». Grandes cosas ha hecho el Señor con nosotros; estamos alegres.
>
> (Salmos 126:2-3 NBLA)

# ¿VIVES PREOCUPADO?

*No se preocupen por nada; en cambio, oren por todo. Díganle a Dios lo que necesitan y denle gracias por todo lo que él ha hecho.*

(Filipenses 4:6 NTV)

Lo escuché durante un seminario de formación pastoral, y con el debido permiso lo comparto contigo:

«Durante una visita a un hospital psiquiátrico, alguien preguntó al director:

—¿Cuál es el criterio por el cual deciden quién necesita ser hospitalizado aquí?

El director respondió:

—Llenamos una bañera con agua y le ofrecemos al paciente tres cosas para que la vacíe: una cuchara, un vaso y un cubo. De acuerdo con la forma en que él se ponga a vaciarla, decidimos su estado de salud mental y si requiere o no ser hospitalizado.

—¡Ah! Ya entendí —dijo el visitante—. Una persona mentalmente sana usará el cubo, que es más grande que el vaso y la cuchara.

—¡No! —respondió el director del centro—. Una persona en su sano juicio sacaría el tapón del desagüe. —Y sonriéndole al visitante, inquirió—:

¿Qué tipo de habitación prefiere, individual o compartida?».

Seamos honestos... ¿verdad que tú también escogiste el balde?

Yo sabía que todos estamos un poco locos, pero de esta historia extraigo dos conclusiones:

1. En toda circunstancia, la vida suele ofrecernos más alternativas que las que se perciben a simple vista (el tapón oculto del desagüe). Solo es necesario mirar con calma hasta encontrarlas.

2. La segunda y más importante conclusión se desprende de un estudio que había efectuado quien relató esta historia. Fue un análisis serio y bien contrastado acerca de las causas que pueden llevar a una persona «normal» a perder la cabeza. Una de las razones más recurrentes fue «intoxicar la mente con constante preocupación».

La inquietud, si es alimentada, se convertirá en afán, que a su vez puede transformarse en ansiedad, que deriva en angustia. Sostenida el tiempo suficiente, la angustia se torna en agonía emocional y neurosis destructiva.

No se preocupen por *nada*; en cambio, oren por *todo*.

(Filipenses 4:6, énfasis añadido).

El consejo bíblico incluye dos términos absolutos: NADA y TODO. Si oro por *todo*, el resultado será que no me angustie por *nada*. Las dos alternativas que tengo a la hora de enfrentar la vida son: preocuparme u orar. Si oro mucho, me preocuparé poco; si oro poco, me preocuparé mucho.

No hay duda de que la oración es mejor alternativa que la preocupación.

La oración da vida, la preocupación la quita. Además, la preocupación afecta negativamente a la ocupación, pues sin paz no hay creatividad y la ansiedad tuerce los resultados de cualquier cosa que emprendamos.

En mi opinión, la preocupación suele ser la imaginación mal empleada. No quita los problemas del mañana, solo quita la paz y las fuerzas de hoy.

En definitiva, orar es acertar.

Como siempre, pero hoy más que nunca, se hace imprescindible aceptar el regalo de Aquel que dijo «La paz os dejo, mi paz os doy; yo no os la doy como el mundo la da. No se turbe vuestro corazón, ni tenga miedo» (Juan 14:27).

---

LAS DOS ALTERNATIVAS QUE TENGO A
LA HORA DE ENFRENTAR LA VIDA SON:
PREOCUPARME U ORAR. SI ORO MUCHO,
ME PREOCUPARÉ POCO; SI ORO POCO, ME
PREOCUPARÉ MUCHO.

---

# MEJOR QUE PREOCUPARSE, OCUPARSE

*Por eso les digo: No se preocupen por su vida, qué comerán o beberán; ni por su cuerpo, cómo se vestirán. ¿No tiene la vida más valor que la comida y el cuerpo más que la ropa?*

(Mateo 6:25 NTV)

*Porque el ocuparse de la carne es muerte, pero el ocuparse del Espíritu es vida y paz.*

(Romanos 8:6)

Escuché acerca de un hombre de perfil tan ansioso que vivía preocupado todos los días. Sus familiares y amigos sufrían con resignación las constantes quejas y preocupaciones que a todas horas transmitía.

Un día, de forma tan sorpresiva como estimulante, lo notaron sosegado. Su semblante estaba relajado y hasta lucía una sonrisa.

—Oye, ¿qué te ocurrió? —le preguntó uno de sus amigos—. Te noto tranquilo; no pareces preocupado.

—Le estoy pagando a alguien para que se preocupe por mí —dijo con alegría.

—¿De verdad, y cuánto le pagas?

—Dos mil euros por semana.

—¿Dos mil euros a la semana? —El amigo no daba crédito a lo que había escuchado—. ¡Es mucho dinero! ¿Cómo puedes pagarlo?

—No puedo —respondió con calma—. Esa es una de las preocupaciones con las que debe trabajar él. Por supuesto que en la vida real no podemos manejar las inquietudes de esta manera; sin embargo, nos conviene saber y aceptar que ya hubo alguien que pagó un precio extraordinario para adquirir nuestra paz. Dios tiene todo bajo su control, incluso —diría que especialmente— cuando a nosotros nos parece que todo está fuera de control y las cosas van de mal en peor.

¿Recuerdas las palabras del profeta Isaías?

¿No has sabido, no has oído que el Dios eterno es Jehová, el cual creó los confines de la tierra? No desfallece, ni se fatiga con cansancio, y su entendimiento no hay quien lo alcance. Él da esfuerzo al cansado, y multiplica las fuerzas al que no tiene ningunas.

(Isaías 40:28-29)

Dios nunca está demasiado ocupado como para dejar de vernos y escucharnos. Su poder y sabiduría son recursos que pone a nuestro favor.

Prefiero confiar en Él que confiar en mí. De hecho, he aprendido a desconfiar de mi mente. Jamás he visto una guionista más fértil. Se inventa telenovelas imposibles y tiene una capacidad de persuasión terrible. La preocupación agota, y la mente necesita descanso. Hay determinadas prácticas que dan reposo a la mente, una de las más efectivas es la oración. Descubrí lo maravilloso que resulta tomar todos los asuntos que me superan y, mediante la oración, elevarlos al más alto Tribunal. Una vez encomendados a Dios, encuentro descanso. Yo solo tengo preguntas, pero Él solo tiene respuestas.

Dedíquense a la oración con una mente alerta y un corazón agradecido.

(Colosenses 4:2 NTV)

DESCUBRÍ LO MARAVILLOSO QUE RESULTA TOMAR TODOS LOS ASUNTOS QUE ME SUPERAN Y, MEDIANTE LA ORACIÓN, ELEVARLOS AL MÁS ALTO TRIBUNAL. UNA VEZ ENCOMENDADOS A DIOS, ENCUENTRO DESCANSO. YO SOLO TENGO PREGUNTAS, PERO ÉL SOLO TIENE RESPUESTAS.

# SALUD PARA LA MENTE

*Entre tanto que voy, ocúpate en la lectura [de las Escrituras], la exhortación y la enseñanza. No descuides el don que hay en ti, que te fue dado mediante profecía con la imposición de las manos del presbiterio. Ocúpate en estas cosas; permanece en ellas, para que tu aprovechamiento sea manifiesto a todos. Ten cuidado de ti mismo y de la doctrina; persiste en ello, pues haciendo esto, te salvarás a ti mismo y a los que te oyeren.*

(1 Timoteo 4:13-16)

*Cuando vengas, no te olvides de traer el abrigo que dejé con Carpo en Troas. Tráeme también mis libros y especialmente mis pergaminos.*

(2 Timoteo 4:13 NTV)

Cuando escribe su primera carta a Timoteo, Pablo se encontraba en Macedonia, predicando el evangelio. Desde ese lugar aconseja a su joven discípulo: «Ocúpate en la lectura...».

El segundo versículo que encabeza esta reflexión fue escrito también por Pablo, pero en esta ocasión lo escribió desde la cárcel, mientras estaba preso en Roma aguardando su martirio. En esa delicada situación, le pide al joven discípulo algo que podríamos expresar así: «Tráeme mis libros, necesito leer». Pablo amaba la lectura. Eso es lo que transmite el segundo versículo que citamos al principio de esta sección, en la página anterior. A la altura de necesidades físicas tan apremiantes como la de abrigarse, por causa del frío, está la necesidad de tener sus libros, por causa de la gran importancia que el apóstol daba a la lectura. Hay que entender la condición en la que Pablo se encontraba. En una fría y húmeda celda, donde el frío estremecía el cuerpo y también el alma del apóstol, pide un abrigo para arroparse por fuera y libros que lo abrigasen por dentro.

Si alguna vez estuviste enfermo en un hospital o confinado por alguna condición que te impidiera la movilidad, seguro que pudiste comprobar que cuando el cuerpo se para, la mente se dispara. En la inmovilidad de la celda, Pablo necesitaba inyectar paz en su alma. La mente precisa de sana actividad, y una ocupación que he descubierto como profundamente terapéutica es la lectura. Puedo decir sin temor a exagerar que una de las cosas más importantes que me ocurrieron en la vida fue aprender a leer. Me falta espacio para enumerar todas las ventajas y bondades que se desprenden de la lectura: algunas de las más importantes son que mantiene saludable la mente y aumenta nuestro vocabulario, incrementando la destreza comunicativa. También aguza la creatividad y la imaginación. Leer enriquece mi vida al llevarme a lugares diversos y colocarme sobre escenarios variados.

¿Qué leer? Por descontado que, sobre todo, la Biblia... Aunque no solo la Biblia. Las Escrituras componen la biblioteca más variada y rica que puedas imaginar. En sesenta y seis libros se concentra la mejor novela histórica, la más perfecta poesía, excelente relato romántico y la literatura épica más exclusiva.

Pero busca también leer a autores diversos. Los libros son cofres esperando ser abiertos para regalarnos preciadas joyas.

Otras ocupaciones que preservan la salud mental y me parecen dignas de ser predilectas son escuchar música y mirar la creación. Siempre encuentro en ella la firma de Dios.

He aprendido que nuestra mente tiene diversas puertas de entrada, pero las principales son la vista y el oído. Aquello que logre franquear esos accesos condicionará nuestra salud mental.

Ahora, ¿cuál es el antídoto definitivo para la preocupación?

La fe.

La inquietud es capaz de mantenernos toda la noche despiertos, pero la fe es una magnífica almohada.

Convirtamos el costado abierto de Jesús en nuestro domicilio espiritual. Hagamos de su abrazo nuestro lugar de reposo y recordemos que la preocupación nunca cambió nada, pero la confianza en Dios lo cambia todo. Por tanto, no se preocupen por el día de mañana; porque el día de mañana se cuidará de sí mismo. Bástenle a cada día sus propios problemas.

(Mateo 6:34 NBLA)

Esa expresión con la que inicia el versículo, «Por tanto», da a entender que en las líneas previas hay argumentos que fundamentan lo que aquí se nos dice: «no os preocupéis por el día de mañana».

Veamos qué razones esgrime el texto para anular la preocupación:

Por eso les digo, no se preocupen por su vida, qué comerán o qué beberán; ni por su cuerpo, qué vestirán. ¿No es la vida más que el alimento y el cuerpo más que la ropa? Miren las aves del cielo, que no siembran, ni siegan, ni recogen en graneros, y sin embargo, el Padre celestial las alimenta. ¿No son ustedes de mucho más valor que ellas? ¿Quién de ustedes, por ansioso que esté, puede añadir una hora al curso de su vida? Y por la ropa, ¿por qué se preocupan? Observen cómo crecen los lirios del campo; no trabajan, ni hilan. Pero les digo que ni Salomón en toda su gloria se vistió como uno de ellos. Y si Dios así viste la hierba del campo, que hoy es y mañana es echada al horno, ¿no hará Él mucho más por ustedes, hombres de poca fe?

Por tanto, no se preocupen, diciendo: "¿Qué comeremos?" o "¿qué beberemos?" o "¿con qué nos vestiremos?". Porque los gentiles buscan ansiosamente todas estas cosas; que el Padre celestial sabe que ustedes necesitan todas estas cosas. Pero busquen primero Su reino y Su justicia, y todas estas cosas les serán añadidas. Por tanto, no se preocupen por el día de mañana; porque el día de mañana se cuidará de sí mismo. Bástenle a cada día sus propios problemas.

(Mateo 6:25-34 NBLA)

Dios es un padre que nos cuida. Con todo respeto hacia los sentimientos de cuantos me leen, me inclino a pensar que la preocupación compulsiva y paralizante puede ser síntoma de orfandad espiritual. Si somos conscientes de tener un Padre que es rico en misericordia y también en recursos, no deberíamos vivir angustiados.

Tengo dos hijas y para mí habría sido frustrante que cuando Querit o Miriam eran pequeñas me hubiesen dicho: «Papá, estoy muy preocupada porque no sé si mañana me darás de comer». O que un día, al levantarse, me hubieran comentado: «¡Qué bien que hay desayuno! No logré dormir pensando que tal vez no hubiera».

Habría pensado que mis hijas se sentían huérfanas. No es normal que un padre permita que sus hijos pasen necesidad y, en el improbable caso de que eso ocurriera, tenemos garantía escrita de que con Dios no sucederá: «Aunque mi padre y mi madre me dejaran, con todo, Jehová me recogerá» (Salmos 27:10).

Calma, hay cosas que llevan su tiempo. Calma, hay cosas que el tiempo se las lleva.

Mejor que preocuparse, ocuparse.

———

La inquietud es capaz de mantenernos toda la noche despiertos, pero la fe es una magnífica almohada.

———

# ¿CUÁL ES TU APELLIDO?

*Si alguien tiene oídos, que ponga atención a lo que el Espíritu de Dios les dice a las iglesias.* «*A los que triunfen sobre las dificultades y sigan confiando en mí, les daré a comer del maná escondido y les entregaré una piedra blanca. Sobre esa piedra está escrito un nuevo nombre, que nadie conoce. Solamente lo conocerán los que reciban la piedra*».

(Apocalipsis 2:17 TLA)

En la antigüedad no existían los apellidos. Tomemos la Biblia como ejemplo.

A los personajes del Antiguo y Nuevo Testamento se les conocía por su nombre: Abraham, Moisés, Pedro, Juan, Mateo, Jesús, María y José. No había tal cosa como Abraham Pérez, Mateo Delgado o José García. Es importante tener en cuenta que Iscariote no era el apellido del Judas de mal recuerdo, ni se apellidaba Tadeo el otro, al parecer más santo. Esos eran apodos.

Con el tiempo, las comunidades fueron poblándose más y entonces surgían las dudas:

—Llévale este mensaje a Juan.

—¿A qué Juan? —preguntaba el mensajero.

—A Juan, el «del valle» —explicaba para distinguirlo del otro Juan, el «del monte».

En este caso, los apellidos «del Valle» y «del Monte», tan comunes hoy en día, surgieron como resultado del lugar donde vivían estas personas.

Estos se llaman «apellidos topónimos», porque la toponimia estudia la procedencia de los nombres propios de un lugar.

En esa misma categoría están los apellidos Arroyo, Canales, Costa, Cuevas, Peña, Prado, Rivera, que hacen referencia a algún accidente geográfico, y Ávila, Burgos, Logroño, Madrid, Toledo, que provienen de una ciudad, en este caso de España.

Otros apellidos se derivan de alguna peculiaridad arquitectónica con la que se relacionaba una persona.

Si tu antepasado vivía cerca de varias torres, o a pasos de unas fuentes, o detrás de una iglesia, o al cruzar un puente, o era dueño de varios palacios, pues ahora entiendes el porqué de los apellidos Torres, Fuentes, Iglesias, Puente y Palacios.

Es posible que hayas tenido algún ancestro que tuviese algo que ver con la flora y la fauna. Quizás criaba corderos o cosechaba manzanas. De ahí los apellidos Cordero y Manzanero.

Los oficios o profesiones del pasado también han producido muchos de los apellidos de hoy en día.

¿Conoces a algún Labrador, Pastor, Monje, Herrero, Criado o Vaquero? Pues ya sabes a qué se dedicaban tus antepasados durante la Edad Media.

Otra manera de crear apellidos era basándose en alguna característica física, en un rasgo de su personalidad o en el estado civil.

Si no era casado, entonces era Soltero; si no era gordo, era Delgado; si no tenía cabello, era Calvo; si su pelo no era castaño, era Rubio; si no era blanco, era Moreno; si tenía buen sentido del humor, era Alegría; si era educado, era Cortés.

Quizás la procedencia más curiosa es la de los apellidos que terminan en «ez», como Rodríguez, Martínez, Jiménez, González, entre otros muchos que abundan entre nosotros los hispanos. El origen es muy sencillo: «ez» significa «hijo de». Por lo tanto, si tu apellido es González, se debe a que tuviste algún antepasado que era hijo de un Gonzalo. De la misma manera, Rodríguez era hijo de Rodrigo, Martínez de Martín, Jiménez de Jimeno, Sánchez de Sancho, Álvarez de Álvaro, Benítez de Benito, Domínguez de Domingo, Hernández de Hernando, López de Lope, Ramírez de Ramiro, Velázquez de Velasco, y así podríamos continuar con una serie interminable.

Ocurre igual en otros idiomas: Johnson es hijo de John en inglés (*John-son*); MacArthur es hijo de Arthur en escocés; Martini es hijo de Martín en italiano.

Es así como, poco a poco, durante la Edad Media, comienzan a surgir los apellidos.

La finalidad era, pues, diferenciar a una persona de la otra.

Con el tiempo, estos apellidos tomaron un carácter hereditario y pasaron de generación en generación con el propósito de identificar no solo a personas, sino a familias.

¿Verdad que resulta interesante conocer el origen de los apellidos? Me llama la atención de manera especial que la mayoría de ellos estaba vinculado al lugar donde uno vivía, a qué se dedicaba y a su herencia.

No pude evitar preguntarme: «Si fueran a asignarme ahora un apellido, ¿qué apellido merezco?». ¿A qué estoy dedicando mi vida? Y la pregunta va más allá de la profesión; hablo del enfoque esencial de mi vida. ¿Qué tal me define el entorno en el que me muevo? ¿Qué tipo de herencia estoy dejando a la próxima generación?

... les entregaré una piedra blanca. Sobre esa piedra está escrito un nuevo nombre, que nadie conoce. Solamente lo conocerán los que reciban la piedra.

(Apocalipsis 2:17 TLA)

Si para registrar mi nombre en esa piedrecita blanca Dios utilizase los criterios que acabamos de enumerar, ¿cómo me llamaría? ¿Merezco una piedra blanca?

Es mi ruego y oración que mi nombre describa que viví cerca del corazón de Dios y que la función esté próxima a darle gloria a Él. No me atraen los apellidos que comienzan con «A», como altura, asombro o admiración. Me fascinan aquellos que comienzan con «H», como humildad, honra y honor.

———

En definitiva, si Dios utilizase esos criterios para registrar mi nombre en esa piedrecita blanca, ¿cómo me llamaría? ¿Merezco una piedra blanca?

———

# APLAUDIR EL ÉXITO AJENO

*Alegraos con los que están alegres y llorad con los que lloran.*

(Romanos 12:15 BLP)

Es frecuente que en mis viajes y conferencias se organicen firmas de libros. Son momentos que disfruto, ya que la labor de escribir implica muchas horas de aislamiento y soledad. La creación literaria lleva inherentes largos espacios de tiempo con la única compañía de la página en blanco, que por momentos puede tornarse hostil y amenazante, especialmente cuando llega el temido bloqueo del escritor.

Una firma de libros es, casi siempre, un primer encuentro en persona entre autor y lector, cara a cara, en la intimidad de la viva voz. Algunos lectores vienen de lejos para compartir esos minutos de ávida conversación. Siempre me impacta la intensidad de estos instantes. Hay un ingrediente inexplicable, la alquimia de las palabras. Cuando compartimos una historia, dejamos de ser extraños.

¿Alguna vez han esperado durante una cantidad insensata de tiempo en filas de firmas o para conseguir una entrada? ¿Cómo describir el misterio de esa decisión? Yo lo he hecho tantas veces que ya he perdido la cuenta. ¿Es loco, es gregario, es irracional, es apasionado, es una reivindicación de la cercanía física en tiempos de pantallas frías, distantes y asépticas?

Yo lo he hecho. Hice fila por más de media hora para lograr una firma de mi autor predilecto. Jamás lo había visto antes en persona y, cuando por fin estuve frente a él, no logré componer ni una sola de las frases de elogio que por días había practicado:

— Por favor —le dije—. ¿Puede dedicar este libro para José Luis y Gene?

—¿Para quién? —inquirió mi héroe de las letras con una sonrisa.

—Para José Luis y Gene —repetí con voz más alta y ritmo más lento.

—¿Para quién? —volvió a preguntar.

Hasta cuatro veces se repitió el absurdo interrogatorio, hasta que su secretario, quien sostenía el libro abierto para que el autor firmara, dijo con menos paciencia que mal genio:

—El maestro quiere decir que la firma debe ser «para Gene y José Luis». El nombre de la dama debe preceder al del varón.

Así concluyó la escena. Crucé con mi autor predilecto quince frases, pero en realidad fue una frase repetida quince veces. Me retiré un poquito avergonzado por haber demostrado mi falta de cortesía hacia la dama de mis sueños, empeñándome en que mi nombre precediera al suyo en la dedicatoria.

Luego llegó el tiempo en el que yo firmo libros a mis lectores, y procuro poner siempre el nombre de la dama antes que el del varón, por más que a algunos, especialmente pastores, obispos o líderes principales, no les haga mucha gracia. A mí me la hace el énfasis con el que me indican el título —relativo al cargo que ostentan— que debo poner precediendo a su nombre.

A menudo, cuando regreso de esas agotadoras firmas de libros, ya en la soledad —mi hábitat más preciado—, recuerdo con cierto estremecimiento esos días en los que luchaba por divulgar mi primera obra. Sentía cierto espanto hacia las ferias de libros en las que, parapetado tras una mesa llena de ejemplares de mi obra, aguardaba a que alguien viniera a comprar mi libro y solicitar mi firma, mientras el autor de al lado tenía una inmensa fila de lectores aguardando su turno. Te aseguro que resulta muy difícil.

Hoy mismo, al regresar cansado de la larga jornada, pero conmovido tras hora y media de firma de libros, recordaba esos comienzos.

No era peor cuando nadie me buscaba ni soy mejor ahora que rueguen por una firma. Son procesos, es la vida, es la capacidad de esperar el momento sin dejar de trabajar. Pero la pregunta crucial es: ¿me alegro del éxito ajeno mientras aguardo el propio? Eso es carácter, integridad y grandeza humana. Mientras esperas tu turno, sigue aplaudiendo el éxito de los demás. Pocas virtudes son tan hermosas como saber valorar a otros.

«El hombre más feliz del mundo es aquel que sabe reconocer los méritos de los demás y puede alegrarse del bien ajeno como si fuera propio». Así lo dijo Johann Wolfgang von Goethe.

Aplaude el éxito de otros y prepárate para que tus triunfos provoquen desasosiego en quienes te rodean. No te desanimes si tus logros te granjean más críticas que elogios, porque encontrarás a muchos dispuestos a perdonar tus errores, pero solo los verdaderos amigos perdonarán tus éxitos, y hasta se alegrarán y aplaudirán por ellos.

Y una cosa más: sobreponte a tus fracasos, pero no dejes que tus triunfos te venzan. Séneca acertó cuando dijo: «Una persona inteligente se repone pronto de un fracaso. Un mediocre jamás se recupera de un éxito».

MIENTRAS ESPERAS TU TURNO SIGUE
APLAUDIENDO EL ÉXITO DE LOS DEMÁS.
POCAS VIRTUDES SON TAN HERMOSAS
COMO SABER VALORAR A OTROS.

# AUTORIDAD FRENTE A PODER

*La gente quedó asombrada de su enseñanza [de Jesús], porque lo hacía con verdadera autoridad, algo completamente diferente de lo que hacían los maestros de la ley religiosa.*

(Marcos 1:22 NTV)

A principios de los años 60, Tom Watson era el presidente de IBM. Un día se enteró de que uno de sus ejecutivos había cometido un error que le había costado a la empresa 600.000 dólares.

Watson le preguntó al ejecutivo:

—¿Sabe por qué lo he llamado a mi oficina?

—Supongo que para comunicarme mi despido —dijo el ejecutivo con la voz teñida de preocupación.

—¡¿Despedirlo a usted?! —exclamó Watson—. ¿Cómo podría prescindir de usted? Acabo de invertir 600.000 dólares en su formación. Me aseguraré de que un hombre con tanta experiencia como la suya siga trabajando para nuestra empresa.

Ojalá todos tuviéramos la mentalidad del señor Watson. Todos cometemos errores, la pregunta es: ese error ¿nos derrota o nos fortalece? Un fracaso puede ser un foso que nos trague o una plataforma que nos alce; conseguimos lo segundo cuando convertimos el error en aprendizaje. Todas las personas de éxito crecieron a la sombra de grandes maestros: sus errores. Michael Jordan, quien probablemente ha sido el mejor jugador de baloncesto de todos los tiempos, dijo en una ocasión: «He fallado más de nueve mil lanzamientos en mi carrera. Perdí más de trescientos juegos. Veintiséis veces me confiaron hacer el lanzamiento ganador... y lo fallé. He fracasado una y otra vez en mi vida. Y por eso soy exitoso».

Volvamos al texto bíblico que encabeza esta reflexión. Los maestros de la ley ostentaban el poder que les confería el cargo. Frente a ellos estaba Jesús, que tenía la autoridad que no le otorgaba ningún cargo, sino que provenía de quién era. El poder lo confiere una posición, la autoridad proviene de una trayectoria. El poder es un talento que suma, la autoridad viene con la buena actitud y eso no suma, sino que multiplica.

Cuando pierdo la posición, o el dinero o el patrimonio, pierdo el poder; la autoridad, sin embargo, no es algo externo, sino inherente a la persona, por eso ninguna pérdida exterior nos quitará la autoridad.

El poder impone, la autoridad influye. El poder inspira temor, pero la autoridad infunde respeto y aprecio. Lo interesante de la autoridad es que se adquiere a base de cometer errores, admitirlos y corregirlos. Nuestros seguidores y subordinados nos dicen —a menudo desde su silencio—: «No me cuentes los éxitos que alcanzaste, háblame de los fracasos que superaste».

A quien lidera desde el poder lo obedecerán mientras esté delante. Quien despliega verdadera autoridad genera obediencia incluso en su ausencia. Ese líder no se ganó el miedo, sino el respeto y la lealtad de sus subordinados.

Quienes constantemente necesitan recurrir a manifestaciones de poder, es porque perdieron la autoridad. El poder lo ejerce el autoritarismo. La autoridad es propia de verdaderos líderes.

El poder corrompe, y el poder absoluto corrompe absolutamente. La autoridad se cultiva en el hábitat de la sencillez y desprende aroma de humildad.

Un día, un directivo llamado Pedro, cansado del estrés, decidió retirarse al campo para por fin disfrutar de la vida y de la naturaleza.

Se fue a vivir a una pequeña casa dentro de una granja, cuyo dueño era conocido de un antiguo colaborador suyo. Allí podría relajarse por fin y disfrutar de los animales, el sol y la naturaleza.

Tras varios días de reposo, el directivo se sintió aburrido y se acercó a la zona de trabajo que había en la granja. Cuando localizó al dueño de la misma le preguntó si podía ayudarle con alguna tarea. Este, asombrado, le dijo que sí y pasó a explicarle lo que tendría que hacer: Pedro le ayudaría a abonar un campo de varias hectáreas, recién plantado de girasoles; para ello utilizaría un carro y repartiría el estiércol que había sido retirado de los corrales. El abono consistía en un enorme montón de excremento de los animales situado a quinientos metros de la plantación.

El directivo, ni corto ni perezoso, se puso manos a la obra y acabó su trabajo en apenas cuatro horas. El dueño de la granja calculó que aquel trabajo le tomaría varios días.

Pedro se acercó de nuevo al dueño de la granja y comentó:

—Ya he terminado, Juan, ¿tendrías alguna otra tarea para mí? Ha sido muy divertido.

—¡Vaya!, ¡que sorpresa tan grata! —respondió el propietario de la granja—. Este trabajo debería haberte tomado días. Tengo algún otro, pero son muy desagradables, mejor hablamos en unos días por si te puedo dar algo menos duro.

—No, no, por favor, me encanta cualquier tipo de tarea de las que hacen aquí.

—¿Seguro?

—Sí, sí, seguro.

—Está bien, podrías ayudarme a matar las gallinas, se hace con un cuchillo especial y mediante un corte limpio en el cuello. Por favor, hazlo solo si te ves capacitado.

—Sin problema, me encanta la acción. Mañana mismo empiezo.

Tras un día completo con la tarea de aniquilar dos mil doscientas gallinas, Pedro acudió de nuevo a Juan y le comentó que ya había acabado y que le encantaría seguir ayudando.

Juan estaba estupefacto ante tanta efectividad. Como no tenía ninguna otra tarea lo mandó a la zona de almacén donde se guardaban las patatas recogidas apenas un día antes y le dijo que debía inspeccionarlas y seleccionarlas. Las patatas de primera categoría irían en cajas rojas y las de segunda en cajas verdes. Para ello le dio varios criterios basados en tamaño, aspecto exterior y forma, que le servían para la clasificación de las patatas.

Pasaron varios días y Pedro no daba señales de vida, por lo que Juan decidió acercarse al almacén a ver qué pasaba. Al llegar, se encontró a Pedro con un aspecto desaliñado, muy ojeroso, despeinado, sucio, muy enfadado y con apenas cinco cajas rellenas de patatas.

—¿Pero qué pasa Pedro? ¿Qué te ocurre? ¿Te sientes mal? —preguntó Juan, preocupado.

—Pues claro que estoy mal, ¡no puedo con esto!, siempre me pasa lo mismo…, si se trata de repartir basura o de cortar cabezas no hay nadie mejor que yo, pero si lo que debo hacer es encontrar la calidad en algo o en alguien, ahí no sé desenvolverme.

Pues eso, saquemos a Pedro de nuestras vidas, ¡sobre todo de nuestro interior! Dejemos de fijarnos en la basura y decidamos no dañar a los demás. Vamos a enfocarnos en lo positivo de cada persona.

———

EL PODER IMPONE, LA AUTORIDAD INFLUYE. EL PODER INSPIRA TEMOR, PERO LA AUTORIDAD INFUNDE RESPETO Y APRECIO.

———

# LAS MARCAS
# DE LA AUTORIDAD

*Por lo demás, les pido que no me causen más sufrimientos, porque tengo cicatrices en mi cuerpo que muestran que pertenezco a Jesús.*

(Gálatas 6:17 PDT)

*¿Son siervos de Cristo? Sé que sueno como un loco, ¡pero yo lo he servido mucho más! He trabajado con más esfuerzo, me han encarcelado más seguido, fui azotado innumerables veces y enfrenté la muerte en repetidas ocasiones. En cinco ocasiones distintas, los líderes judíos me dieron treinta y nueve latigazos. Tres veces me azotaron con varas. Una vez fui apedreado. Tres veces sufrí naufragios. Una vez pasé toda una noche y el día siguiente a la deriva en el mar. He estado en muchos viajes muy largos. Enfrenté peligros de ríos y de ladrones. Enfrenté peligros de parte de mi propio pueblo, los judíos, y también de los gentiles. Enfrenté peligros en ciudades, en desiertos y en mares. Y enfrenté peligros de hombres que afirman ser creyentes, pero no lo son. He trabajado con esfuerzo y por largas horas y soporté muchas noches sin dormir. He tenido hambre y sed, y a menudo me he quedado sin nada que comer. He temblado de frío, sin tener ropa suficiente para mantenerme abrigado.*

*Además de todo eso, a diario llevo la carga de mi preocupación por todas las iglesias. ¿Quién está débil sin que yo no*

*sienta esa misma debilidad? ¿Quién se ha dejado llevar por*
*mal camino sin que yo arda de enojo?*
*Si debo jactarme, preferiría jactarme de las cosas que*
*muestran lo débil que soy.*

(2 Corintios 11:23-30 NTV)

Dijimos recientemente que ser capaces de ver lo positivo en los demás es una de las mayores habilidades del verdadero líder, pero hay otras cosas que dotan de peso, profundidad y autoridad al líder cristiano. Una de ellas es las cicatrices adquiridas en el acto de servir a los demás.

Un corazón intacto, sin ninguna herida, es un corazón que seguramente nunca amó ni emprendió algo en beneficio del prójimo, porque el amor y la acción suelen conllevar daños. Pero cada cicatriz exhala luego a los cuatro vientos la autoridad de quien por amor sufrió y con valor emprendió.

Permite que te describa el historial humano y profesional de alguien muy particular.

Esta es la historia de un hombre que fracasó en los negocios a los treinta y un años. Cuando tuvo treinta y dos sufrió una derrota como candidato para unas elecciones legislativas. Volvió a fracasar en los negocios a los treinta y cuatro. Sobrellevó la muerte de su amada a los treinta y cinco. A los treinta y seis años experimentó un severo colapso nervioso. Perdió en unas elecciones a los treinta y ocho años. No consiguió ser elegido congresista a los cuarenta y tres. El mismo fracaso lo vivió a los cuarenta y seis y de nuevo a los cuarenta y ocho años. A los cincuenta y cinco fracasó en su intento de ser elegido senador. También fracasó cuando a los cincuenta y seis años se postuló para vicepresidente. De nuevo fue derrotado y no salió elegido senador a los cincuenta y ocho.

¿Abandonó tras semejante cúmulo de derrotas? Ese hombre, a los sesenta años de edad, fue nombrado Presidente de los Estados Unidos de América.

Tal vez te suene su nombre: Abraham Lincoln, uno de los presidentes más importantes en la historia de Estados Unidos.

Nunca te des por vencido. Entendamos que el éxito favorece a las personas perseverantes, y la paciencia crea excelencia.

Hablando de Abraham Lincoln, me llama la atención que muchos se refirieron a él como «un hombre de acero, y a la vez de terciopelo». Sabía ser firme y drástico cuando la situación lo requería, pero también era capaz de tratar con gentileza, amabilidad y dulzura, características muy importantes en el ejercicio del liderazgo.

Permite que enumere algunas marcas que identifican a la mujer o al hombre que tiene liderazgo:

La familia del líder. Una de las credenciales más poderosas de un líder es su familia, comenzando por su matrimonio. La capacidad de tratar a los suyos con amor y respeto califica positivamente a una persona. La capacidad de crear puentes con sus hijos e inocular en ellos valores positivos y principios saludables es otra manera de confirmar las cualidades para el liderazgo.

Las cicatrices sufridas en el acto de servir a los demás. Esas «heridas de guerra» se convierten en renglones que desbordan sabiduría y confieren autoridad. No te fíes demasiado de las palabras de quien no tiene cicatrices. Queremos cargos sin haber pagado el precio, liderazgo sin invertir en procesos, posiciones sin tener experiencia, nombramientos sin haber sido parte de una estructura, autoridad sin haber sido ejemplo de obediencia. Recuerda: lo que dura formándose perdura funcionando. Y en el proceso de formación llegan los golpes y aparecen las cicatrices, cada una de ellas tendrá más valor que una alta condecoración.

La intimidad con Dios. Porque el verdadero secreto sigue estando en el secreto... en el secreto de la intimidad con Dios. No se trata de un juego de palabras, sino de una necesidad vital. Jesús enseñaba como quien tiene autoridad, y no como los maestros religiosos de la ley. La diferencia es que Jesús pasaba horas hablando con Dios y luego minutos hablando con las personas. Eso hacía que cada palabra estuviese impregnada del frescor vital del cielo. El sabor de tus palabras delatará la profundidad de tu vida. Hablar bien es un talento, pero ser emisario del cielo es un altísimo don que solo se adquiere con la divisa de tiempos de intimidad. El destino no es un misterio, es la suma de mis hábitos conjugados con la gracia de Dios.

———————

EL SABOR DE TUS PALABRAS DELATARÁ LA PROFUNDIDAD DE TU VIDA. HABLAR BIEN ES UN TALENTO, PERO SER EMISARIO DEL CIELO ES UN ALTÍSIMO DON QUE SOLO SE ADQUIERE CON LA DIVISA DE TIEMPOS DE INTIMIDAD.

———————

# CON EL SILENCIO
# A TODO VOLUMEN

*Mis queridos hermanos, tengan presente esto: Todos deben estar listos para escuchar, pero no apresurarse para hablar ni para enojarse.*

(Santiago 1:19 NVI)

*Hasta un necio pasa por sabio si guarda silencio; se le considera prudente si cierra la boca.*

(Proverbios 17:28 NVI)

*Guarda silencio ante el Señor y espera en él con paciencia; no te enojes ante el éxito de otros, de los que maquinan planes malvados.*

(Salmos 37:7 NVI)

Estaba predicando ante una audiencia que, en general, escuchaba atenta, excepto un niño que se mostraba inquieto y hablador. Observé que varias veces su madre intentó, infructuosamente, hacerlo callar. Finalmente, la mamá se inclinó hacia el niño y le susurró algo. Desde ese momento, el pequeño permaneció sentado, tranquilo y no volvió a decir una palabra.

Terminada la reunión, me aproximé a esa mamá y, tras agradecerle por su gesto de responsabilidad al tranquilizar a su hijo, le pregunté:

—¿Qué le dijo para lograr que se mantuviera en silencio todo el tiempo?

Con cierto rubor me respondió:

—Bueno... Le dije que él lo estaba interrumpiendo a usted, y que, si perdía la concentración, tendría que empezar su mensaje otra vez.

Hoy sonreía al recordar ese episodio y, de la imagen del niño, mi mente saltó a esa otra historia —ignoro si verídica o solo leyenda— que también tuvo al silencio como protagonista:

«Un hombre decidió ser monje e ingresó en un monasterio donde se hacía voto riguroso de silencio. A los religiosos solo se les permitía pronunciar dos palabras cada diez años.

Tras la primera década de soportar el mutismo y una vida en condiciones ascéticas, el hombre se presentó ante el prior para decir sus dos palabras.

— Comida mala —ese fue todo su discurso, tras lo cual abandonó la sala.

Transcurrió otra década de privaciones y regresó a ver al abad para presentar su breve disertación:

—Cama incómoda —y se retiró.

Cumplida la tercera década, el monje fue nuevamente ante el hermano rector y todo lo que dijo fue:

—Yo renuncio.

El prior meció de lado a lado su cabeza, y con evidente disgusto respondió:

—No me sorprende en absoluto. ¡Desde que llegaste no has hecho otra cosa que quejarte por todo!».

¡Pobre monje! Seis palabras en treinta años y lo acusan de quejarse por todo.

En todo caso, te confieso que cada vez soy más callado porque cada vez soy más consciente del valor de las palabras. Ya sea que hable o que escriba, busco tallar los vocablos antes de dejarlos caer. Te animo a que hagamos de cada palabra un rubí y de cada frase un collar de perlas.

Los años me hicieron silencioso porque me convencieron del poder de las palabras; tienen una fuerza increíble, a mi favor o en contra mía. Contienen poder para hacerme libre, pero también para esclavizarme.

Soy dueño de mis silencios y esclavo de mis palabras. Hay quien elige con cuidado las palabras que no dice; eso se llama sabiduría.

A medida que cumplo años, administro con más prudencia mi lenguaje, pues la vida me hizo consciente del efecto que mi disertación provoca, primero en mí y también en otros. Puedo sanar o herir, construir o derribar, porque las palabras son como las abejas, productoras de miel y portadoras de aguijón.

Dije que primero en mí porque soy con quien más hablo. Converso conmigo todo el tiempo, lo hago a través de mis pensamientos. Por lo visto, a lo largo del día soy capaz de crear sesenta mil pensamientos, el 95 % de los cuales surgen de forma automática. Descubrí hace mucho que mi forma de pensar afecta totalmente a mi manera de sentir y esta condiciona mi forma de vivir. Se ha demostrado que cada pensamiento genera a nivel cerebral la liberación de neurotransmisores y neurohormonas, (adrenalina, dopamina, noradrenalina, adrenocorticotropina, etc.), cuyo efecto en el resto del organismo desencadena una respuesta que será más o menos agradable en función del tipo de sustancia liberada. Lo que me digo a través de la mente determina mi estado de ánimo y también mi salud, por eso intento mimarme con mis cavilaciones, «... piensen en todo lo que es verdadero, noble, correcto, puro, hermoso y admirable. También piensen en lo que tiene alguna virtud, en lo que es digno de reconocimiento. Mantengan su mente ocupada en eso» (Filipenses 4:8 PDT).

El apóstol nos anima a redirigir nuestros pensamientos hacia lo positivo. Eso no nos hace «fantasiosos» ni «no realistas». No hay que engañarse, experimentamos dolor y sufrimiento muchas veces, lo bueno y lo malo coexisten en nuestro día a día. No se trata de obviar lo negativo, se trata de enfatizar lo positivo porque desde este lugar nuestra motivación, nuestra salud emocional y física y nuestros resultados serán aquellos que realmente nos gustaría experimentar.

El poder de mi pensamiento se multiplica al verbalizarlo, por eso pongo rejas y grilletes a las frases negativas para brindar plena libertad al discurso constructivo.

«Muerte y vida dependen de la lengua, según se utilice así será el resultado». (Proverbios 18:21 BLP) Me gusta cómo traduce este texto la versión Palabra de Dios para Todos (PDT): «Lo que uno habla determina la vida y la muerte; que se atengan a las consecuencias los que no miden sus palabras».

Medir y contar las palabras es algo muy necesario, y ante muchas situaciones lo mejor que podemos decir es nada. El discurso más difícil de componer es el silencio; pese a ello, me encanta ir por la vida con el silencio a todo volumen.

Si me permites una humilde sugerencia:

Intenta callar ante las situaciones que no comprendas. Ante aquello que no entiendas, espera y confía. Dios redacta las palabras justas sobre las líneas de nuestros silencios.

Guarda silencio ante el Señor y espera en él con paciencia; no te enojes ante el éxito de otros, de los que maquinan planes malvados. (Salmos 37:7 NVI)

Intenta callar y enfócate en escuchar. Sabio es quien piensa todo lo que dice, pero no dice todo lo que piensa.

Mis queridos hermanos, tengan presente esto: Todos deben estar listos para escuchar.

(Santiago 1:19 NVI)

El libro de Proverbios rebosa de «la sabiduría de los reyes», y uno de los temas en los que abunda es la sabia administración de las palabras y los silencios. He aquí un ejemplo: «El sabio con gusto recibe instrucción, pero el necio que habla hasta por los codos caerá de narices» (Proverbios 10:8 NTV). Fuera de toda duda: escuchar nos hace crecer, mientras que hablar en exceso nos empequeñece. Escuchar es, además, un generador de amistades muy sólidas. Escuchar a los demás con interés y empatía es uno de los más bellos actos de caridad. «Cuando me siento escuchado, me siento respetado». Lo que luego les digamos se posará con la suavidad de una pluma sobre su alma, satisfecha ya por el regalo de nuestra atención.

Hagamos uso de la economía de las palabras y descubriremos que ahorrar en verbos y adjetivos también enriquece.

---

ANTE AQUELLO QUE NO ENTIENDAS, ESPERA Y CONFÍA. DIOS REDACTA LAS PALABRAS JUSTAS SOBRE LAS LÍNEAS DE NUESTROS SILENCIOS.

---

# CON EL SILENCIO A TODO VOLUMEN (II)

*Mis queridos hermanos, tengan presente esto: Todos deben estar listos para escuchar, pero no apresurarse para hablar ni para enojarse.*

(Santiago 1:19 NVI)

*Hasta un necio pasa por sabio si guarda silencio; se le considera prudente, si cierra la boca.*

(Proverbios 17:28 NVI)

*Guarda silencio ante el Señor y espera en él con paciencia; no te enojes ante el éxito de otros, de los que maquinan planes malvados.*

(Salmos 37:7 NVI)

Escuché decir acerca de alguien que era tan sabio, pero tan sabio, que podía guardar silencio en cinco idiomas.

Arthur Conan Doyle, en su magistral obra acerca del detective Sherlock Holmes, incluye un diálogo en el que este le dice a su ayudante: «Tienes un gran don para el silencio, Watson. Te hace muy valioso como compañero».

El verdadero talento no radica en saber lo que se ha de decir, sino en saber lo que se ha de callar.

Se dice de Sócrates que no era sabio porque conociera todas las respuestas, sino porque sabía hacer las preguntas adecuadas.

Hablando de silencio, no puedo evitar recordar aquel momento donde el silencio fue el gran ausente. Fue mucho el ruido y alboroto ocasionado: la reunión era de oración. Algunos estaban arrodillados en el altar, otros apoyaban sus codos en los asientos, y algunos, sentados, también oraban. El fervor de la oración subía de grado, tono y volumen. El templo era pequeño y la congregación, familiar. Algunos niños pintaban en sus libros. El hermano Juan Rosario era uno de los que oraban arrodillado en el altar. De pronto, una sombra negra se deslizó bajo los asientos, moviéndose lentamente; solo unos pocos la vieron hasta que salió de debajo de las sillas, entonces quedó expuesto a la vista de los escasos asistentes que no tenían sus ojos cerrados en la oración.

¿Qué o quién era esa enigmática sombra?

Era el lustroso gato de los pastores que, escapando de la casa pastoral, entró al templo. Toda vez que el fervor de la alabanza subió de grado, el gatito se asustó y en la huida optó por refugiarse en lo que parecía un túnel oscuro que no era otra cosa que la pernera del pantalón del hermano Juan, que permanecía en su posición de orante arrodillado. Cuando el gato se introdujo por el negro túnel y Juan Rosario percibió el toque del cálido pelaje en sus piernas, se puso en pie de un salto, reprendiendo cualquier demonio que se le ocurría, mientras daba zapatazos contra el piso y casi danzaba como David. Yo era un niño cuando esto ocurrió, y todavía en mis recuerdos veo al hermano Juan Rosario reprendiendo y danzando. De más está decir que aquel culto de oración se recordó como el más avivado en muchos años. ¿La causa? Al gato no le gustaba el bullicio pentecostal.

Intenta callar ante actitudes y comentarios hirientes. Mi reacción a las decisiones de otros revela mi carácter. La manera en que respondo a las resoluciones que otros adoptan y que en alguna medida me afectan manifiesta mi madurez, consistencia y profundidad. El carácter, al igual que las antiguas fotografías, se revela en la oscuridad.

Mis queridos hermanos, tengan presente esto: Todos deben estar listos para escuchar, pero no apresurarse para hablar ni para enojarse.

(Santiago 1:19 NVI)

Atiende los asuntos vitales, pero no te desgastes en guerras triviales. A menudo no es preciso que cuentes tu versión de la historia, el tiempo lo hará. Dos armas muy poderosas son el tiempo y el silencio.

Cuando aprendes que donde la ignorancia habla la inteligencia calla, sin duda, vives más tranquilo. He descubierto que es mejor tener paz que tener la razón.

No siempre el que calla otorga, a veces el que calla ama.

Intenta callar cuando te domina la ira. Hay dos cosas que no se pueden recuperar: La flecha lanzada y la palabra pronunciada. Cuando nuestro interior hierve, lo que sale por nuestra boca quema. Cuando tus entrañas ardan y sientas el deseo de explotar, inspira profundo por la nariz y expulsa el aire lentamente por la boca. Cinco minutos de autocontrol pueden ahorrar muchos años de sufrimiento.

El fruto del Espíritu es amor, gozo, paz, paciencia, benignidad, bondad, fe, mansedumbre, templanza.

(Gálatas 5:22-23)

Eleva tus palabras, no la voz. Es la lluvia lo que fertiliza el campo, no los truenos.

Es fundamental saber esperar y guardar silencio cuando siento que me hierve el alma. Proverbios 17:27 (NBLA) dice: «El que retiene sus palabras tiene conocimiento, y el de espíritu sereno es hombre entendido».

Guardemos silencio cuando nos sintamos enfurecidos, porque lo que hagamos o digamos desde esa posición no será razonado, y una vez que la pasta de dientes está fuera es muy difícil volver a introducirla en el tubo.

Proverbios 21:23 (NBLA) asegura que «El que guarda su boca y su lengua, guarda su alma de angustias». Ya lo he dicho hace un momento y lo repetiré las veces que haga falta porque es muy importante: cinco minutos de autocontrol pueden evitar muchos años de sufrimiento.

Nunca confundas silencio con ignorancia, ni calma con aceptación, o amabilidad con debilidad. La compasión y la tolerancia que se manifiestan desde el silencio no son señales de debilidad, sino de auténtica fortaleza.

Intenta callar cuando sabes que tus palabras van a herir. Hay palabras que abren heridas, pero hay otras que abren caminos; opta siempre por las segundas. El líquido más caro del mundo es una lágrima. Está compuesta por un uno por ciento de agua y un noventa y nueve por ciento de alma. Piénsalo bien antes de lastimar a alguien.

Intenta callar cuando la motivación de tu discurso sea egocéntrica. Callar las cualidades propias es humildad. Callar los errores ajenos es caridad.

Uno de los rostros de la humildad es guardar silencio respecto a mis virtudes y dejar que sean los demás quienes las descubran.

El mayor éxito después de alcanzar un gran triunfo es no decir nada acerca de él.

Elogia a los demás generosamente y, respecto a ti, guarda silencio y deja que sean tus hechos quienes te promocionen. A una persona se la conoce más y mejor por lo que ella dice de los demás que por lo que los demás dicen de ella.

En su novela *Yo el supremo*, dijo Augusto Roa Bastos: «Nada enaltece tanto la autoridad como el silencio».

> Hasta un necio pasa por sabio si guarda silencio; se le considera prudente, si cierra la boca.
>
> (Proverbios 17:28 NVI)

En fin, los años me hicieron silencioso porque me convencieron del poder que las palabras tienen, a mi favor o en contra mía. Una composición musical sin silencios pierde la belleza, y una vida sin silencios suele ser un cúmulo de desaciertos.

Nunca me arrepentí de haber reflexionado antes de hablar, pero muchas veces lamenté haber hablado sin antes reflexionar.

Bien lo dijo Salomón: «El corazón del sabio hace prudente su boca...» (Proverbios 16:23).

El verdadero carácter y la madurez auténtica se demuestran en saber callar, mucho más que en tener respuesta para todo.

---

CINCO MINUTOS DE AUTOCONTROL
PUEDEN EVITAR MUCHOS AÑOS DE
SUFRIMIENTO.

---

# CONFIANDO EN MEDIO DEL HURACÁN

*Cuando cruces las aguas, yo estaré contigo; cuando cruces los ríos, no te cubrirán sus aguas; cuando camines por el fuego, no te quemarás ni te abrasarán las llamas.*

(Isaías 43:2 NVI)

Alcancé una mayor comprensión de esta promesa durante un viaje en avión que me llevó —casi no logra hacerlo— desde la ciudad de Miami hasta San Juan, en Puerto Rico. Nos rozó un huracán que en el año 2012 despeinó la costa este de Estados Unidos. Los meteorólogos le pusieron el nombre de Isaac y muchos dijeron: «Si Isaac muestra esta furia, ¿cómo estará Ismael?».

Abordé el avión justo con el aliento de Isaac en la nuca. Gracias a Dios, el huracán solo alcanzó categoría 1, pero puedo asegurarte que esos vientos son capaces de estremecer a cualquiera.

La pista de despegue solo se adivinaba, atenuada en un entorno gris, fiero y amenazante, y el cielo se oscureció como si unas inmensas alas de cuervo se hubieran interpuesto entre el sol y nosotros.

El avión inició su rodadura entre fuertes rachas de viento y cortando una gruesa cortina de lluvia. Segundos después comenzó a elevarse entre el aguacero y un vendaval que lo hacía estremecerse. Bajo fuertes sacudidas, el morro de la aeronave se hincó en la panza negra del cielo y fue penetrando la oscuridad, se agitó primero y luego se zarandeó como si un gigante enfurecido tuviera el avión en sus manos y estuviera sacudiéndolo. Pero la nave siguió remontándose a través de la tormenta.

Para complicar las cosas, una dama que ocupaba el asiento a mi lado somatizaba su ansiedad en forma de verborragia.

¿Te preguntas qué es eso?

Se llama verborragia a una hemorragia verbal, en la que el afectado habla sin parar y sin medir el sentido ni el alcance de sus palabras.

La temática que la dama eligió fue «accidentes aéreos acaecidos recientemente». Inició un exhaustivo relato de todas las catástrofes que aún estaban frescas —sería más correcto decir que aún estaban calientes—. Lo hizo con todo lujo de detalles y sin dejar nada a la imaginación.

Yo oraba con un fervor hasta ese momento desconocido para mí. Mi clamor era: «Dios, te lo suplico, bendíceme con una sordera fulminante o a ella con una mudez radical».

No sé cuanto tiempo pasamos en el vientre de aquella tempestad. Nadie osaba mirar los relojes, pues hincábamos las uñas de ambas manos en los brazos del asiento. Pudieron transcurrir cinco minutos o media hora cuando, de pronto, sin previo aviso y con la inmediatez de un fogonazo, un rayo de luz penetró por los cristales... Ante nosotros se alzaba la circunferencia de un sol triunfante, que dibujó en mi rostro una sonrisa y acarició mi alma con paz.

Nos habíamos situado sobre la tormenta.

Pegué mi nariz a la ventanilla y observé el paisaje: alrededor había un cielo de azul purísimo y bajo nosotros se veía una superficie tan blanca que parecía un campo de nieve recién caída. Era, sin embargo, el mismo cielo que desde abajo aterraba por su fiereza y su negrura.

El avión había superado la tormenta y se puso sobre ella. Alcanzó altura y posición de crucero y ahora se deslizaba con la suavidad de una pluma por un cielo de azul inmaculado, aunque más abajo el huracán seguía rugiendo.

Como te dije, la afirmación que hace Isaías y que consta al inicio de este capítulo me trasladó a aquel peculiar viaje en avión: «Cuando cruces las aguas, yo estaré contigo; cuando cruces los ríos, no te cubrirán sus aguas; cuando camines por el fuego, no te quemarás ni te abrasarán las llamas» (Isaías 43:2 NVI).

Es inevitable que lleguen huracanes a nuestra vida. El texto no dice «si llegases a cruzar las aguas». Lo que dice es «Cuando cruces las aguas». La pregunta no es: «¿Llegará la inundación?», sino «¿Cuándo llegará?». Pero junto con la advertencia de que vendrán tempestades, llega una noticia de gran calado: «Yo estaré contigo». Es Dios quien me lo dice... ¡Es Él! ¿Puedes escucharle hablándote?

«Sentirás la adversidad, pero nunca la soledad. Mi corazón latirá junto al tuyo. Contaré tus lágrimas, las enjugaré. Es más, las transformaré en perlas de gran valor. Si en medio de la tormenta cesas en tu lamento, escucharás la música de mi respiración. Estás cargando una cruz, pero esa cruz la llevaremos a medias, amor mío. Porque amo reír junto a ti, pero nunca llorarás a solas, en el llanto también estaré a tu lado».

Dios jamás desperdicia una pena, sino que la convierte en riqueza.

¡Ah! Tal vez te preguntes qué ocurrió con la dama que viajaba en el asiento contiguo al mío. La dama afectada de verborragia durmió por el resto del viaje. Ignoro si fue como respuesta a mi oración o de pura extenuación, pero durmió como un bebé. Dios me bendijo visitándola con un sueño arrullador. Ese día se incrementó mi confianza en el poder de la oración.

Llegará la inundación, pero Él nunca faltará. Convirtamos su corazón en nuestro refugio y desde allí veremos la tormenta a nuestros pies.

Es sobre sus alas como alcanzamos cielos limpios de libertad.

---

DIOS JAMÁS DESPERDICIA UNA PENA, SINO QUE LA CONVIERTE EN RIQUEZA.

# EL PERDÓN

*No juzguen y no serán juzgados; no condenen y no serán*
*condenados; perdonen y serán perdonados.*

(Lucas 6:37 NBLA)

No sé si el nombre de Rodolfo Enrique Cabral Ca-
miñas te suena, pero probablemente te suene su
nombre artístico: Facundo Cabral. Fue un cantau-
tor, poeta, escritor y filósofo de origen argentino.
Una de sus canciones más conocidas es la titu-
lada *No soy de aquí ni soy de allá*. Siempre quise saber
qué había detrás de esa frase, y cuando lo supe
quedé impresionado por una historia que deseo
que conozcas.

El padre de Facundo se fue de su casa un día antes de que este naciera, e inmediatamente su madre,
de nombre Sara, fue echada a la calle junto a sus
seis pequeños, por lo que el nacimiento de Facundo
Cabral se produjo en un callejón de la ciudad de
La Plata, Argentina. No tuvo un techo bajo el cual
nacer, de ahí la letra de la que es, probablemente,
su canción más reconocida a nivel internacional:
«No soy de aquí ni soy de allá / no tengo edad ni

porvenir / y (a pesar de todo) ser feliz / es mi color de identidad».

Así que nació en La Plata, y se crio en una de las barriadas más pobres de la urbe argentina. Fue alcohólico desde los nueve años y a los catorce ya estaba preso. En la cárcel, con la ayuda de un sacerdote, aprendió a leer, escribir y amar la literatura. Tras una vida que supuso una auténtica montaña rusa de sinsabores, éxitos, fracasos, lucha, amores, desamores y mucho aprendizaje, llegó a convertirse en el gran apóstol de la música latinoamericana.

Una noche, tras terminar un concierto en una de las catedrales de la música de Buenos Aires, Facundo Cabral, ya con cuarenta y seis años, se llevó la sorpresa de su vida: en el pasillo de los camerinos lo esperaba su padre.

«Lo reconocí porque era igual a la foto que mi madre siempre había guardado, pero con el pelo cano y las huellas del tiempo reflejadas en su rostro y en sus manos. En el acto supe que era él, porque siempre vi esa foto en la repisa de la cama de mi madre —contaba Cabral—. Mi padre era muy apuesto. Todo lo contrario a mí, era muy elegante. Ahora, muchísimos años después, estaba allí y me quedé congelado sin saber qué hacer».

Este era el primer encuentro con su padre desde que los abandonó un día antes de que él naciera. ¿Se imaginan la tormenta de emociones y la vorágine de pensamientos que azotaban el interior de aquel hombre que paseaba su música por el mundo pregonando la paz, el perdón y el amor? Entonces, ¿qué hacer? Un día Cabral dijo sobre su padre: «Agotó todo el odio que había acumulado en mí; lo odié tanto y tan profundamente porque había dejado sola a mi madre con siete hijos. Aprendimos todos a tener el cielo por techo y la lucha por sobrevivir se volvió prioridad para nosotros. Cuatro murieron de hambre y frío. Tres sobrevivimos de milagro».

Ahora su padre estaba frente a él, y tenía todo el derecho de decirle lo que su corazón guardaba. El rencor es un sentimiento tan fuerte como el perdón. En ese momento, el eco de las palabras de su madre retumbó en su cabeza y en su corazón:

«Tú que caminas tanto, algún día te vas a encontrar con tu padre. En primer lugar, ¡no cometas el error de juzgarlo! Recuerda el mandamiento: "Honrarás al padre y a la madre". En segundo lugar, recuerda que ese hombre que vas a tener enfrente es el ser que más amó, más ama y más amará tu madre. Tercero, lo que corresponde es que le des un abrazo y las gracias, porque por él estás gozando las maravillas de Dios en este mundo por el que caminas. La vida que tanto amas no solo te la dio tu madre, también se la debes a tu padre. No lo olvides».

El desenlace de este encuentro lo cuenta el mismo Facundo: «Por eso cuando vi a mi padre, nos acercamos, nos abrazamos y fuimos grandes amigos hasta el final de sus días. Aquella vez me liberé y dije: "Mi Dios, qué maravilloso es vivir sin odio". Me costó años perdonar y luego pude hacerlo en un segundo. Y me sentí tan bien». Una historia impresionante, ¿no te parece? Al calor de este relato vino a mi mente la frase atribuida, entre otros, al genial Mark Twain: «El perdón es la fragancia que derrama la violeta en el talón que la pisó».

Nunca dudes que el perdón es tan noble y poderoso como el amor. Siempre es mejor opción perdonar y amar que guardar rencor. El rencor y el remordimiento generan ira, y la ira es un ácido que daña más al recipiente en el que se almacena que a cualquier cosa en la que se vierte.

Aferrarse a la ira es como agarrar un carbón ardiente con la intención de arrojarlo a otro. Soy yo quien se quema.

«La clemencia [...] es como la plácida lluvia del cielo que cae sobre un campo y lo fecunda: dos veces bendita porque consuela al que la da y al que la recibe». Coincido plenamente con esa tesis del genial escritor inglés William Shakespeare en *El mercader de Venecia*.

En la vida enfrentarás grandes batallas, recuerda que vencer a Goliat te hará un triunfador, pero perdonar a Saúl revelará el auténtico fruto de tu corazón.

Perdonar no es otorgar la razón. No significa que lo que el ofensor hizo fuera correcto, significa que disculpo esa actitud aunque no la comparta.

Tardé en aprender la diferencia entre aceptación y aprobación. Puedo aceptar a las personas sin aprobar todo lo que hacen. Dios me ama, pero eso no significa que apruebe todo lo que hago.

Acéptense unos a otros, como Cristo los aceptó, para que Dios reciba la gloria.

(Romanos 15:7 NTV)

Sean tolerantes los unos con los otros, y si alguien tiene alguna queja contra otro, perdónense, así como el Señor los ha perdonado a ustedes.

(Colosenses 3:13 TLA)

---

VENCER A GOLIAT TE HARÁ UN TRIUNFADOR, PERO PERDONAR A SAÚL REVELARÁ EL AUTÉNTICO FRUTO DE TU CORAZÓN.

---

# GESTIONAR EL RECUERDO

*Y ahora, amados hermanos, una cosa más para terminar. Concéntrense en todo lo que es verdadero, todo lo honorable, todo lo justo, todo lo puro, todo lo bello y todo lo admirable. Piensen en cosas excelentes y dignas de alabanza.*

(Filipenses 4:8 NTV)

En cierto lugar leí que, en una de sus presentaciones, el genial actor y humorista Charles Chaplin contó un chiste a la audiencia.

Su capacidad interpretativa y la forma como dramatizó la historia provocaron la carcajada general del público, que puesto en pie le dedicó una larga ovación.

Cuando cesaron las risas y los aplausos, el actor volvió a contar el mismo chiste con idénticos ademanes y aspavientos. Solo unos pocos rieron y la mayoría miró al actor con extrañeza, gesto que se incrementó cuando Chaplin relató la misma gracia por tercera vez. En esta ocasión nadie rio y en muchos se apreció un rictus de enfado.

Charles Chaplin aprovechó el silencio para decirles:

—Si no pueden reír y reír por el mismo chiste, ¿por qué lloran y lloran por el mismo dolor y aflicción?— Hizo una breve pausa tras la que añadió—: Recréense en lo positivo y entierren lo negativo. Disfruten de cada momento de sus vidas.

Cuando el brillante humorista murió a los ochenta y ocho años de edad, dejó tras de sí un gran legado, incluidos muchos pensamientos, no todos humorísticos, pero todos brillantes. He aquí algún ejemplo:

1- No hay nada permanente en este malvado mundo. Ni siquiera nuestros problemas.

2- Ríe y el mundo reirá contigo; llora y el mundo, dándote la espalda, te dejará llorar.

3- Nunca te olvides de sonreír, porque el día que no sonrías, será un día perdido.

La Biblia nos recomienda:

«... sean transformados mediante la renovación de su mente. Así podrán comprobar cuál es la voluntad de Dios, buena, agradable y perfecta».

(Romanos 12:2 NVI)

Es importante renovar la mente; eso significa vaciarla de lo viejo y llenarla de lo nuevo. ¡Qué saludable es hacer limpieza en ese cuarto de nuestra vida que es nuestro pensamiento! No olvides sacar a diario la basura; especialmente la acumulada en la cabeza.

¿Sabes que un ser humano, cuando llega a los cuarenta años de edad tiene trescientas cincuenta mil horas de recuerdos archivadas en su memoria? La calidad de esos recuerdos determina la calidad de su vida. La memoria tiene la capacidad de endulzar o amargar nuestro presente, y condiciona definitivamente nuestro futuro. Por ejemplo, rememorar los errores cometidos en nuestro ayer puede llegar a bloquear nuestro mañana al impedirnos emprender nuevos proyectos.

Los errores son dulces maestros, pero amargos carceleros. Haz con ellos como con el chicle: sácales el sabor y luego aléjalos de ti.

Aprendí de los errores, pero no vivo pensando en ellos, pues suelen ser un recuerdo amargo que impide seguir adelante. Los errores son maestros, pero no deben ser verdugos. Somos producto de nuestro pasado, pero no tenemos que ser prisioneros de él.

Algunos recuerdos perfuman el alma para siempre. ¿Por qué desplazarlos con aquellos que hieden e intoxican?

Los monstruos existen. No creas a quien te dice lo contrario. Existen, y están todos en nuestra mente.

Cuida tu mente para cuidar tu vida.

¡Qué sabiduría tan brillante hay en el consejo que Pablo dio a los creyentes de Roma!

«No vivan ya según los criterios del tiempo presente; al contrario, *cambien su manera de pensar para que así cambie su manera de vivir* y lleguen a conocer la voluntad de Dios, es decir, lo que es bueno, lo que le es grato, lo que es perfecto»

(Romanos 12:2 DHH, énfasis añadido).

Somos lo que pensamos. Mi manera de pensar determina mi manera de vivir. Pensemos en lo honroso, lo bueno, lo amable, y esas virtudes impregnarán nuestra vida.

LOS ERRORES SON DULCES MAESTROS, PERO AMARGOS CARCELEROS. HAZ CON ELLOS COMO CON EL CHICLE: SÁCALES EL SABOR Y LUEGO ALÉJALOS DE TI.

# GESTIONAR EL RECUERDO
## (II)

*No recuerden las cosas anteriores ni consideren las cosas del pasado.*

(Isaías 43:18 NBLA)

*Hermanos, yo mismo no considero haberlo ya alcanzado. Pero una cosa hago: olvidando lo que queda atrás y extendiéndome a lo que está delante, prosigo hacia la meta para obtener el premio del supremo llamamiento de Dios en Cristo Jesús.*

(Filipenses 3:13-14 NBLA)

No debemos permitir que nuestro pasado condicione negativamente nuestro futuro. Un ejemplo que se usa con frecuencia es el del elefante del circo que se mantiene quieto en un lugar porque tiene su pata amarrada a una pequeña estaca. ¿Cómo es posible que un animal que pesa toneladas esté amarrado, mediante una cuerda, a una pequeña estaca y eso lo inmovilice? ¿Has visitado alguna vez un circo y tuviste la ocasión de ver esa escena? Ese paquidermo podría arrastrar con su fuerza el circo entero; sin embargo, está inmóvil y cautivo. ¿Cuál es la razón?

Cuando el elefante era pequeño lo amarraron con una cadena a un árbol, el animal intentó escaparse, pero al tirar, el grillete se hincó en su carne y le hizo sangrar, ese daño que recibió quedó archivado en su mente y asimiló que era inútil intentar escapar, procurar ser libre solo le provocó heridas y dolor. Ahora vive cautivo por una cuerda que podría romper con un mínimo esfuerzo, pero no lo intenta.

Lo que mantiene cautivo a ese gigante no es una cuerda, sino un recuerdo desagradable.

¡Liberemos nuestra mente de los cadáveres del pasado! Enterremos lo que murió, de lo contrario nos arrastrará a su tumba.

Es cierto que no puedo cambiar el pasado, muchas de las decisiones que tomé no tienen vuelta atrás y no puedo borrar las experiencias que ya he vivido. Sin embargo, sí puedo cambiar la visión que tengo de esos hechos, puedo lograr que dejen de causarme daño y, sobre todo, puedo impedir que se conviertan en un obstáculo que me impida seguir adelante.

¿Sabes que tenemos la capacidad de desarrollar una memoria selectiva?

¡Sí! ¡Puedo elegir aquello en lo que ocuparé mi pensamiento! Por esa razón la Biblia nos invita: «Piensen en cosas excelentes y dignas de alabanza» (Filipenses 4:8 NTV).

El premio Nobel de literatura Gabriel García Márquez escribió lo siguiente en *El amor en los tiempos del cólera*: «La memoria del corazón elimina los malos recuerdos y magnifica los buenos, y gracias a ese artificio logramos sobrellevar el pasado».

Tu peor enemigo no puede hacerte tanto daño como tus pensamientos. Tu mejor amigo no puede hacerte tanto bien como tus pensamientos.

¡Qué enorme verdad declaró Pablo cuando dijo: «Cambien su manera de pensar para que así cambie su manera de vivir» (Romanos 12:2 DHH).

Hasta aquí solo hablé de ser prudentes al administrar el recuerdo de nuestros errores.

¿Y los aciertos? ¿Debo ser cauto al tener memoria de ellos? Absolutamente sí.

¿Acaso el éxito puede perjudicarme?

Incluso matarte puede... Es posible morir de éxito.

Sobreponte a tus fracasos, pero no dejes que tus triunfos te venzan. Ambas cosas, después de ingerirlas hay que saber digerirlas. Es importante hacer una buena digestión de los logros alcanzados, pues el éxito tiene un alto componente etílico que se sube al cerebro, nubla la visión y distorsiona la realidad.

He conocido a grandes triunfadores que murieron asfixiados por el peso de las medallas. Prodigiosos atletas que quedaron bloqueados por el lastre de sus trofeos.

En definitiva, el recuerdo tiene un poder inmenso, para bien o para mal.

Me fascina la autoridad con la que Pablo escribe a la iglesia en Corinto y le dice: «Poniendo todo pensamiento en cautiverio a la obediencia de Cristo» (2 Corintios 10:5 NBLA).

Habla de hacer cautivo el pensamiento, sojuzgarlo, someterlo... En ocasiones hay que encarcelar el pensamiento para evitar que nuestra mente nos encarcele a nosotros.

El mejor refugio para la mente es el corazón de Dios. Allí hay reposo para el alma y la inquietud se disuelve en vapores de paz. Llevemos allí todos nuestros fracasos y cada uno de nuestros triunfos.

Los problemas de salud mental son una epidemia de este siglo. Estos males puede ocasionar multitud de daños colaterales, desencadenando infinidad de dolencias asociadas, pues una mente enferma acaba enfermando el cuerpo, mientras que una mente saludable contagiará la salud a todo el organismo. La psicología afecta a la fisiología y la fisiología afecta a la psicología.

¿Cómo mantengo el cuerpo saludable? Mediante una adecuada alimentación, concediéndole el descanso necesario y a través de una actividad equilibrada.

¿Cómo mantener la mente saludable? ¡Exactamente igual! La mente se alimenta de pensamientos y recuerdos. Démosle comida saludable.

Gestiona bien tus recuerdos, y ten en cuenta que nunca el pasado te llama para contarte algo nuevo. «Cambien su manera de pensar para que así cambie su manera de vivir».

(Romanos 12:2 DHH)

EL MEJOR REFUGIO PARA LA MENTE ES EL CORAZÓN DE DIOS. CONVERTIR SU CORAZÓN EN ALMOHADA PROPORCIONA REPOSO AL ALMA Y DISUELVE LA INQUIETUD EN VAPORES DE PAZ. LLEVEMOS ALLÍ TODOS NUESTROS FRACASOS Y CADA UNO DE NUESTROS TRIUNFOS.

# DESCANSA
# EN EL LUGAR ALTO

*Entonces me llenaré de alegría a causa del Señor mi salvador. Le alabaré aunque no florezcan las higueras ni den fruto los viñedos y los olivares; aunque los campos no den su cosecha; aunque se acaben los rebaños de ovejas y no haya reses en los establos. Porque el Señor me da fuerzas; da a mis piernas la ligereza del ciervo y me lleva a alturas donde estaré a salvo.*

(Habacuc 3:17-19 DHH)

¿Te das cuenta de que el profeta Habacuc relata una interminable retahíla de desgracias? Sin embargo, el final de su discurso tiene aroma de victoria. ¿La razón? Porque cambia el enfoque de su mirada. Decide apartar la vista de la tierra yerma y enfocarla en cielo fértil y triunfante: «Porque el Señor me da fuerzas; da a mis piernas la ligereza del ciervo y me lleva a alturas donde estaré a salvo».

En la tierra había sequía, plagas y muerte. Pero él no está en la tierra, sino que tiene sus pies en las alturas.

Se cuenta de un águila que estaba sentada sobre la rama más alta de un árbol.

Un conejo que pasaba por allí, al verla descansar plácidamente, le preguntó:

—¿Puedo sentarme como tú y reposar sin hacer absolutamente nada?

—Por supuesto que puedes —respondió la majestuosa ave—. ¿Qué te lo impide?

El conejo se tumbó al pie del árbol y pronto se quedó dormido.

No tardó mucho en aparecer un zorro que, al verlo, se abalanzó sobre el conejo y se lo comió.

La moraleja de esta historia es que podemos sentarnos y hasta tumbarnos a descansar. Es algo totalmente lícito y necesario, pero mejor que lo hagamos en la altura que nos corresponde ocupar.

Los que confían en el SEÑOR renovarán sus fuerzas; levantarán el vuelo como las águilas, correrán y no se cansarán, caminarán y no se fatigarán.

(Isaías 40:31 NVI)

Si quieres volar con las águilas, no pierdas el tiempo picoteando con las gallinas.

Estoy persuadido de que el lastre que suele atarnos a la tierra está en el enfoque de nuestra visión. Tu forma de mirar te alzará o te hundirá. Será impulso o rémora.

En una ocasión, dictando una conferencia para matrimonios, tomé un folio en blanco y en el centro dibujé un círculo negro. Lo mostré al público y pregunté:

—¿Qué ven aquí?

El noventa y ocho por ciento de los asistentes dijeron:

—¡Una mancha negra! ¡Un círculo negro! ¡Un garabato!

Y otras tantas expresiones para referirse a lo que ensuciaba el centro del folio.

Solo dos, o tal vez tres, respondieron de manera distinta:

—Veo un folio en blanco que tiene una pequeña mancha negra.

La clave es la siguiente: aquello en lo que enfoques tu visión crecerá, se magnificará, se sobredimensionará...

Si te enfocas en la superficie blanca, será eso lo que crezca. Si, por el contrario, fijas la mirada en la pequeña mancha, esta adquirirá relevancia hasta llenar tu vista.

El pesimista se queja del viento, mientras que el optimista ajusta las velas para usar el vendaval a su favor. Recuerda que los aviones siempre despegan contra el viento y que las águilas usan las tempestades como plataforma para alzarse a los lugares altos.

Una vez el autor y conferencista peruano David Fischman estaba dando una conferencia en el interior de su país, y quedó sorprendido por el pesimismo y el profundo decaimiento que manifestaban los empresarios. En sus reuniones solamente se hablaba de lo mal que le iba a la provincia.

Antes de partir, una periodista le preguntó:

—Usted habla del liderazgo y nos da pensamientos positivos. ¿Se pueden aplicar tales enseñanzas a los problemas y la crisis económica actual?

—No le puedo garantizar que si piensa positivamente le irá bien —respondió—, pero le puedo garantizar que, si piensa negativamente, fracasará.

No estoy hablando de pensamiento positivo, prefiero hablar de fe y de confianza en Dios. Jesús afirmó una verdad contundente cuando dijo: «Estas cosas os he hablado para que en mí tengáis paz. En el mundo tendréis aflicción; pero confiad, yo he vencido al mundo» (Juan 16:33).

Enfrentar la vida con fe no consiste en negar la realidad, sino en verla a través del prisma de nuestra confianza en Dios: es cierto que hay aflicción, pero reconozco también que Jesús se alzó con la victoria, y esta segunda realidad pesa más que la primera.

No niego la tormenta, pero decido cantar y adorar bajo la lluvia.

Por cierto, al igual que la fe es contagiosa, también lo son el pesimismo, la duda y la incredulidad. En medio de las tormentas, elige bien tus compañías, y si quieres volar con las águilas, cuídate de quienes te arrancan las plumas a base de negativismo e incredulidad.

———

RECUERDA QUE LOS AVIONES DESPEGAN
CONTRA EL VIENTO Y QUE LAS
ÁGUILAS USAN LAS TEMPESTADES COMO
PLATAFORMA PARA ALZARSE A LOS
LUGARES ALTOS.

———

# TU LUGAR

*No se asusten —les dijo—. Ustedes buscan a Jesús el naza-*
*reno, el que fue crucificado. ¡Ha resucitado! No está aquí.*
*Miren el lugar donde lo pusieron.*

(Marcos 16:6 NVI)

Un padre, presagiando que su final se acercaba,
llamó a su hijo:

—Toma —le dijo, entregándole una pequeña
caja—. Aquí adentro hay un reloj que tu abuelo me
dio, y que tiene más de doscientos años. Quiero
que sea tuyo, pero antes quiero que vayas a la relo-
jería del pueblo y les preguntes cuánto vale.

El hijo fue y pronto regresó.

—Papá, me han dicho que no pueden darme ni
cinco dólares por él porque es demasiado viejo.

El padre dijo:

—Está bien. Vamos a asegurarnos. Ve ahora, por
favor, a la cafetería y pregúntale al dueño cuánto
cree que cuesta ese reloj.

El hijo hizo como su padre le indicó.

—Papá, me dijeron que no vale ni tres dólares,
porque no sirve para nada.

El padre dijo:

—Muy bien, hijo. Te pido una última cosa: ve al museo y pregunta al director cuánto cuesta este reloj.

El chico regresó emocionado:

—¡Papá, me dijeron que este reloj está valorado en un millón de dólares!

Finalmente, el padre respondió:

—Lo suponía, hijo mío. Ocurrirá lo mismo contigo: solo en el lugar correcto sabrán valorarte. Si te menosprecian, no te enfades ni te deprimas, quien sabe tu valor es quien te conoce y te aprecia.

Las mujeres del texto bíblico que encabeza esta reflexión buscaban el cadáver de Jesús, pero Jesús no era ya un cadáver, sino un ser resucitado y glorioso que había obtenido la victoria sobre la muerte.

¿Es posible estar buscando la vida entre los sepulcros?

Lo es. A veces vivimos tan errados que podemos rebuscar entre la muerte esperando encontrar vida.

Es de vital importancia saber si el lugar en el que estamos es el que nos corresponde.

Durante años ejercí la dirección comercial de una compañía de telecomunicaciones. Allí aprendí que podía tener el mejor producto del mundo, pero si lo ofrecía a la persona o a la entidad equivocadas, nunca lo apreciarían.

Que alguien te rechace no significa que no valgas, solo indica que erraste al elegir a quién ofrecer el tesoro.

Lo que a continuación relato es un hecho real. Un violinista tocó durante cuarenta y cinco minutos en el metro de Nueva York. Cuatro personas se pararon a escuchar y una aplaudió. Tras una larga jornada, logró recaudar veinte dólares. La noche siguiente, el mismo violinista tocó en uno de los escenarios más reconocidos del mundo y la entrada tenía un coste mínimo de cien dólares. El experimento probó que aquello que es extraordinario no brilla en un ambiente ordinario. No se aprecia ni se lo reconoce.

Existen profesionales brillantes que no reciben una recompensa acorde a su potencial porque se mueven en un ambiente mediocre. Una vez que se arman de valor y salen de este tipo de entorno florecen y crecen.

Cuando una persona no está en el ambiente correcto, la gente pasará a su lado y no verá lo excepcional que es. Por favor, asegúrate de estar donde debes estar.

Cuando llegó el día de Pentecostés, estaban todos juntos en el mismo lugar. De repente, vino del cielo un ruido como el de una violenta ráfaga de viento y llenó toda la casa donde estaban reunidos.

(Hechos 2:1-2 NVI)

He aquí un claro ejemplo de lo que es estar en el lugar correcto y con las personas indicadas. Todos bajo un cielo abierto del que vino bendición y poder de Dios.

---

QUE ALGUIEN TE RECHACE NO SIGNIFICA QUE NO VALGAS, SOLO INDICA QUE ESTÁS OFRECIENDO EL TESORO A LA PERSONA EQUIVOCADA.

---

# FIELES E IDÓNEOS

*Lo que has oído de mí ante muchos testigos, esto encarga a hombres fieles que sean idóneos para enseñar también a otros.*

(2 Timoteo 2:2)

Infinidad de momentos que merecen, cuando menos, el calificativo de «interesantes», se dan durante la celebración del culto cristiano, especialmente en el momento de predicar la Palabra. No es algo extraño, ni debería parecernos preocupante, cometer errores mientras transmitimos la Buena Nueva, pues, como reza el dicho popular: «El que tiene boca se equivoca».

Nunca podré olvidar aquel domingo en que, siendo yo un joven fervoroso que anhelaba predicar la Palabra de Dios, se me brindó la opción de hablar cinco minutos en la reunión principal: el culto evangelístico del domingo. Oré fervientemente durante varias semanas y, llegado el día, ocupé el púlpito. Junto a un montón de frases sinceras pero muy atropelladas, dije: «Los días que sucedieron al de mi entrega a Cristo fueron realmente miserables... Los más miserables de toda mi existencia».

Inmediatamente después de haber pronunciado la sentencia, supe que acababa de decir lo contrario de lo que deseaba. Mi intención era declarar que los «días anteriores a dar mi corazón a Jesús fueron miserables y que la llegada de Cristo ordenó mi vida». Utilicé la palabra «sucedieron» donde en realidad deseaba decir «precedieron».

Lo peor no fue equivocarme, sino ser consciente de inmediato del error, pero no saber cómo remediarlo. Mi archivo de vocablos quedó bloqueado. La expresión: «Disculpen, lo que quise decir fue...» desapareció de mi compendio de palabras y la garganta se convirtió en una telaraña de emociones en la que quedaba enredada cualquier frase que intentase surgir.

Aquella noche no dormí bien, pero pasando el tiempo me he dado cuenta de que todos nos equivocamos al hablar y eso no nos descalifica, simplemente nos enseña. También he comprendido que Dios, lejos de castigar tal error borrando nuestro nombre del libro de la vida, sonríe con cariño, incluso se ríe abiertamente, no «de nosotros», sino «con nosotros». Él tiene gran sentido del humor y haremos bien en tenerlo nosotros también.

Alguien dijo: «No nos tomemos tan en serio la vida, al fin y al cabo, ninguno saldrá vivo de ella».

Aun los mejores comunicadores cometen errores de vez en cuando, como aquel invitado de excepción que cierto día no estuvo brillante, y tras hablar durante treinta minutos quiso recapitular:

—Concluyendo —dijo—, ¿de qué estamos hablando...?

—Buena pregunta —interrumpió uno de los asistentes—, me encantaría saber de qué está hablando.

Aunque fue más llamativo el caso del pastor de origen inglés, quien luchaba por aprender el idioma español.

—Necesito *dos adúlteros* que me ayuden para levantar la ofrenda —pidió durante el culto.

Por supuesto, lo que solicitaba era la colaboración de «dos adultos». Y se extrañó de que nadie respondiera a su solicitud.

—¿Es que no hay *dos adúlteros* —insistió con perplejidad— que puedan ayudarme a levantar la ofrenda?

Nadie osó ponerse en pie, por lo que la paciencia del pastor comenzó a agotarse.

—Aquí hay más de *dos adúlteros* —ahora la voz iba teñida de indignación—. Solo pido dos que me ayuden...

—Bueno... Reconozco que yo soy uno —confesó un hombre, afligido y cabizbajo—, no sé quién será el otro...

Sonrío hoy recordando esas escenas, pero querría centrarme en el consejo que Pablo brinda al joven Timoteo: «Lo que has oído de mí ante

muchos testigos, esto encarga a hombres *fieles* que
sean *idóneos* para enseñar también a otros» (2 Timoteo 2:2, énfasis añadido).

Hay dos cosas que se requieren de quienes toma-
rán el testigo de comunicar el evangelio: fidelidad
e idoneidad. Lo primero apunta al carácter; lo segundo, a
la capacidad. Lo primero es cuestión de *actitud*; lo
segundo, de *aptitud*. Ambas cosas son muy importantes, pero estoy seguro de que el orden en que
Pablo lo comunica es intencional y sabio: primero
el carácter, después la cualificación; primero la fidelidad, después la idoneidad.

He conocido hombres y mujeres con aptitudes
extraordinarias, pero con una deplorable actitud.
Eso los descalifica.

Conocí, sin embargo, a personas cuyos talentos
no eran nada destacables, pero su buena actitud
les proveyó de peldaños para llegar a excelentes
cumbres. El talento suma, pero la buena actitud
multiplica.

Nunca te subestimes ni intentes comprar la
aprobación de otros. No tienes que ser mejor que
nadie, solo intenta que tu «yo» de hoy sea mejor
que tu «yo» de ayer.

No permitas que la búsqueda de aprobación o
el temor al rechazo te controlen. La vida no es un
concurso de popularidad. No precisas el aplauso de
otras personas para validarte.

La capacidad puede adquirirse en múltiples lugares, pero el carácter requiere de decisiones internas y se forja sobre la base de hábitos privados. Recuerda: siembra un pensamiento y cosecharás una acción. Siembra una acción y cosecharás un hábito. Siembra un hábito y cosecharás un carácter. Siembra un carácter y cosecharás un destino. No es tu APTITUD, sino tu ACTITUD lo que determinará tu ALTITUD. La capacitación puede abrir puertas, pero solo el carácter logrará mantenerlas abiertas.

No permitas que la búsqueda de aprobación o el temor al rechazo te controlen. La vida no es un concurso de popularidad. No precisas el aplauso de otras personas para validarte.

# FIELES E IDÓNEOS (II)

*Lo que has oído de mí ante muchos testigos, esto encarga
a hombres fieles que sean idóneos para enseñar también a
otros.*

(2 Timoteo 2:2)

Permite que desde el máximo respeto y complici-
dad relate otro episodio que dibujó mi sonrisa y
que también está relacionado con la comunicación.
El invitado al congreso tuvo la gentileza de predicar en español, pese a no dominar perfectamente
el idioma, ya que su lengua nativa era el inglés.
El pasaje bíblico en el que basó su mensaje fue
Jueces 14:5-9. Sé que conoces bien la historia, pero
a efectos de su mejor comprensión, lo transcribo
en la versión Palabra de Dios Para Todos:

> Entonces Sansón fue de nuevo a Timnat
> con sus padres. Sansón estaba en los viñe-
> dos de Timnat y de pronto un león joven lo
> atacó rugiendo. De repente el Espíritu del
> Señor vino sobre Sansón dándole gran po-
> der. Sansón destrozó al león con sus propias
> manos, sin usar ningún arma. Para Sansón
> fue tan fácil matar al león que parecía como
> si hubiera matado más bien a un pequeño

cabrito. Sansón no les contó nada de esto a sus padres. Sansón llegó a la ciudad y habló con la mujer que le había gustado. Unos días después Sansón regresó para casarse con la mujer. Por el camino, Sansón se detuvo para ver al león muerto y ¡vaya sorpresa! Había un panal de abejas y miel en el cuerpo del león. Sansón sacó la miel con las manos y fue comiendo por el camino. Cuando llegó a su casa, compartió la miel con sus padres y ellos también comieron.

La historia es fascinante y no requiere de ningún elemento adicional para incrementar el interés que por sí sola despierta. Pero aquel predicador incorporó —de forma totalmente involuntaria— un factor que multiplicó el impacto.

¿A qué me refiero?

«Había un panal de abejas y miel en el cuerpo del león». Así lo cuenta la Biblia, pero el predicador, no acostumbrado a predicar en español, cambió la palabra «panal» por «pañal».

Para mayor deleite de los oyentes, aquel predicador gustaba de dramatizar el texto bíblico y aquel día se esmeró al máximo en su empeño de que visualizáramos la escena:

—Sansón introdujo la mano en el cuerpo del león —mientras hablaba hizo un movimiento enérgico, simulando que enterraba su brazo en el cadáver del felino— y de allí extrajo un *pañal* chorreante —dijo, alzó triunfal el *pañal* y casi podíamos ver lo que escurría. Continuó el predicador dando detalles—:

Sansón lo sostuvo en su mano y lamió el contenido del *pañal* —contó, mientras también él simulaba lamerlo con deleite, hasta cerró sus ojos para concentrarse en el sabor.

El rostro de los oyentes era indescriptible y la atención, máxima, lo cual fue interpretado por el predicador como señal de que estaba dando en la diana. Si una estrategia funciona, no la abandones... Así que siguió entrando en detalles:

—Aquel espeso contenido resbalaba por el brazo de Sansón y este lo recogía con su lengua, paladeando la dulzura del *pañal* —dijo, e hizo un silencio estratégico para garantizar la atención, cosa innecesaria, pues era imposible estar más concentrados—. Como todo lo bueno hay que compartirlo, llevó el *pañal* a casa y lo compartió con sus padres. Todos juntos comieron y comieron hasta dejar limpio aquel *pañal*...

Si te digo que, aunque Dios me concediera vivir mil vidas, nunca olvidaré a ese predicador, seguro que me crees. Pero para ser justo debo decir que, si bien aquel lapsus nos hizo reír, lo cierto es que el mayor impacto que ese hombre me produjo fue cuando hubo terminado el culto y le informamos de su confusión. ¡Rio con ganas! No se sintió ofendido, sino agradecido por nuestra corrección, y de nuevo nos hizo reír a todos mediante la genuina simpatía que proyectaba. En definitiva, era una de esas personas que de lejos asombran y de cerca transforman. Amo a esos hombres y mujeres que no te hablan desde la cúspide, sino que descienden al barro y desde allí siguen sirviéndote. Dios permita que seamos así: personas fieles e idóneas. Quienes provocan cambios genuinos no suelen hacerlo desde la altura de un podio, sino desde la proximidad. No suelen cambiarse vidas desde la cumbre, sino desde la trinchera. El brazo que se agita imponente en el estrado alcanza su máxima efectividad cuando se posa sobre el hombro desamparado. La voz que grita desde el púlpito multiplica su eficacia cuando habla quedamente en la cercanía.

El siervo de alta capacidad alcanza el máximo objetivo cuando, desde la integridad y la sencillez, demuestra su fidelidad. Las palabras son cera, los hechos son acero. Cuando lo que digo es coherente con lo que vivo, el efecto de mis palabras se multiplica. Lo que de verdad da peso a un discurso no es media hora de perfecta oratoria, sino años de coherente trayectoria. Enseñamos lo que sabemos, pero impartimos lo que somos.

> Todo esfuerzo tiene su recompensa, pero quedarse en las palabras solamente, lleva a la pobreza.
>
> (Proverbios 14:23 NVI)

———

LO QUE DE VERDAD DA PESO A UN
DISCURSO NO ES MEDIA HORA DE PERFECTA
ORATORIA, SINO AÑOS DE COHERENTE
TRAYECTORIA. ENSEÑAMOS LO QUE
SABEMOS, PERO IMPARTIMOS LO QUE
SOMOS.

———

# INTEGRIDAD, UN VALOR
# MUY COTIZADO

*Recuerden, amados hermanos, que pocos de ustedes eran sabios a los ojos del mundo o poderosos o ricos cuando Dios los llamó. En cambio, Dios eligió lo que el mundo considera ridículo para avergonzar a los que se creen sabios. Y escogió cosas que no tienen poder para avergonzar a los poderosos. Dios escogió lo despreciado por el mundo —lo que se considera como nada— y lo usó para convertir en nada lo que el mundo considera importante.*

(1 Corintios 1:26-28 NTV)

Que no somos perfectos es una realidad incuestionable que deberíamos tener asumida hace mucho tiempo, pero hay episodios que nos ayudan a recordarlo a la vez que nos hacen sonreír, como el de aquel diácono que presidía el culto del domingo y vio que algunas personas se quedaban en pie en la parte de atrás de la capilla.

En su español imperfecto, pues provenía de Escocia, intentó ayudarles:

—Vengan *toros*, aquí hay *vacas* suficientes.

Lo que intentó decir fue «Vengan todos, aquí hay bancas suficientes».

Los caprichos del lenguaje le jugaron una mala pasada. Todos rieron y él más que nadie cuando le explicaron la curiosa situación que se había creado. La anécdota resultó graciosa y la actitud del diácono fue un ejemplo de salud emocional, pues nada es tan saludable como ser capaces de reírnos de nosotros mismos.

Quien no rio, al menos yo no vi que lo hiciera, fue el director del coro de aquella iglesia, que se preparaba para un concierto de Navidad. Como tengo bien claro que nada que tenga que ver con afinación y musicalidad es lo mío, opté por no formar parte del coro y sentarme en las últimas filas del templo dispuesto a disfrutar del ensayo.

En medio de una de las canciones, el director golpeó con energía su batuta contra el atril, y en tono muy enfático dijo:

—Señoras y señores, si no pueden entrar todos a la vez en la estrofa, está bien, lo comprendo. Si en los silencios no se detienen al unísono, lo disculparé. Si algunos se van del tono... ¿qué le vamos a hacer? Pero ¿podrían, al menos, cantar todos la misma canción?

Momentos como este se dan con frecuencia en la curiosa comunidad de creyentes a la que llamamos iglesia. No somos perfectos, es verdad, pero somos elegidos. Ninguna victoria se alcanza gracias a nosotros, sino a pesar de nosotros y por la inmensa gracia de Dios. Este mensaje: «Casi nada depende de mí, porque todo depende de Él», no me desmoraliza, por el contrario, me alienta. Es terapéutico saber que yo solo debo hacer lo natural y dejar que Dios se ocupe de lo sobrenatural. Cuando contemplo la labor que Él me ha encomendado, me obligo a mí mismo a recordar que Dios no espera perfección, pero sí reclama integridad.

¿A qué me refiero?

La integridad es la práctica de ceñirme a los valores y tomar decisiones positivas, incluso cuando nadie esté mirando. En definitiva, integridad es hacer lo que es correcto aunque nadie me observe. Mientras que la honestidad se refiere al acto de ser veraz, la integridad es actuar de acuerdo con los principios.

Lo contrario de integridad no es imperfección, sino duplicidad: tener dos vidas diferentes y obrar de manera distinta cuando estoy en público de cuando estoy en el ámbito privado.

Creo que la siguiente dinámica puede ayudarnos a la comprensión de este concepto tan importante.

Imagina que tienes en tu mano un billete de cincuenta euros. Si lo colocas en la posición más elevada y por encima de todo lo demás. ¿Qué valor tiene allí arriba?

¡Exacto! Vale cincuenta euros.

Si, por el contrario, lo relegas a la posición más baja, depositándolo en el suelo. ¿Cuál es su valor? ¡Acertaste! Sigue valiendo lo mismo. ¿La razón? A ese papel el valor no se lo confiere la posición que ocupa.

Avancemos en el experimento. Toma ese billete y oprímelo en tu mano. Estrújalo y comprímelo hasta que parezca una deforme masa de papel. ¿Cuál es el valor de ese desecho prensado e irreconocible? Justamente, cincuenta euros.

Ponlo bajo tu pie... ¡Písalo! ¿Cuánto vale? Pisado, prensado, maltratado y oprimido, ese papel sigue valiendo lo mismo. Porque a ese billete el valor no se lo confiere la condición en la que se encuentre.

En definitiva, la posición que ocupe o la condición en la que se encuentre no modifican su valor.

¿Sabes de dónde proviene su valor? De la marca que lleva impresa. La impresión que hay en el papel determina cuánto vale.

La palabra que hemos heredado en español como carácter proviene de la expresión griega *jarakter*, que significa exactamente «marca impresa».

Lo que da valor a nuestra vida es nuestro carácter, y vale la pena recordar que el carácter, al igual que las antiguas fotografías, se revela en la oscuridad. En episodios de presión y lucha es donde aflora el auténtico carácter.

Apliquémoslo a nuestra vida. Estoy convencido de que todos, en varios momentos, nos hemos sentido ensalzados o relegados; reconocidos o ignorados. Todos hemos experimentado lo que es sentirse oprimidos y hasta pisados por circunstancias o por personas. La realidad es que tales posiciones y condiciones no alteran en lo más mínimo el valor de nuestra vida.

¿Recuerdas cuando tuviste que desarrollar tu ministerio sintiéndote menospreciado y hasta pisado? ¿Verdad que en esa ocasión comprobaste que el poder de Dios se perfecciona en la debilidad? La gracia de Dios se percibe en medio del día, pero su máximo esplendor se aprecia en las noches del alma. Los cielos más hermosos siempre corresponden a los lugares más oscuros.

Espera... Antes de cerrar este capítulo e invitarte a que guardes el billete de cincuenta euros, hagamos una cosa más: rásgalo por la mitad; divídelo en dos partes.

¿Cómo? ¿Dices que no quieres hacerlo?

Está bien, no lo hagas, pero imagina que lo hicieras. Si el billete tiene un valor de cincuenta euros, cada una de las dos partes en que lo hubiéramos rasgado valdría veinticinco euros, ¿verdad?

¿Estás diciéndome que no?

Tienes toda la razón. Cada uno de los dos pedazos no valdría nada, absolutamente nada, porque a ese papel el valor le viene dado por dos cosas: la marca que tiene impresa y conservar esa marca con integridad. Es decir, ser de una pieza.

A nuestra vida, su valor no se lo da la posición que ocupemos, ni la condición en la que nos sintamos, sino que se sustenta en la integridad que mantengamos.

Dios nos ayude a ser personas íntegras, aunque jamás lleguemos a ser perfectas. Desde la integridad, aun nuestros errores se convertirán en bendición, pues se convertirán en maestros, e incluso nuestras caídas serán hacia adelante, suponiendo un paso más hacia la meta.

---

A NUESTRA VIDA, SU VALOR NO SE LO
DA LA POSICIÓN QUE OCUPEMOS, NI LA
CONDICIÓN EN LA QUE NOS SINTAMOS,
SINO QUE SE SUSTENTA EN LA INTEGRIDAD
QUE MANTENGAMOS.

---

# MEJORES SON DOS QUE UNO

*Que tu esposa sea una fuente de bendición para ti. Alégrate con la esposa de tu juventud.*

(Proverbios 5:18 NTV)

*Por eso dejará el hombre a su padre y a su madre, se unirá a su mujer, y los dos llegarán a ser uno solo.*

(Génesis 2:24 NVI)

Ocurrió tal y como voy a relatarlo, créeme. Eran dos jóvenes locamente enamorados. Ambos provenían de familias rotas y en realidad no tenían a nadie con quien vivir. Se conocieron en la iglesia y su encuentro con Jesús fue de tal impacto que sus vidas cambiaron radicalmente y los dos servían a Dios mientras atendían las necesidades de la congregación.

Optaron por casarse de la manera más sencilla posible, sin ningún tipo de celebración ni boato. A tal fin pactaron con el pastor que cuando aquel domingo terminase de predicar, los llamaría al altar y procedería a su ceremonia de casamiento. Nadie en la congregación lo sabía.

El culto discurrió con la normalidad de cualquier domingo hasta que, terminada la predicación, el pastor hizo el siguiente llamado:

—Ahora, los jóvenes que desean casarse, pasen al frente, por favor.

Treinta damas y veintiocho varones corrieron al altar, esperando que el pastor fuera a exhibir algún recurso milagroso que les hiciese encontrar un compañero o compañera de vida.

Aclarado el malentendido, los jóvenes contrayentes pasaron al altar y el resto volvió a sus asientos, resignados y dispuestos a continuar con su paciente espera.

Si has pensado en enamorarte y compartir tu vida con alguien, te felicito y te animo fervientemente a hacerlo, pero te sugiero que te vuelvas muy observador.

¿La razón?

Te enamoras de un cuerpo, pero te casas con un carácter.

Observa su manera de actuar, sus costumbres y sus hábitos. Evalúa su vida espiritual, su forma de administrar las finanzas. Fíjate bien en sus actitudes, cómo se relaciona con sus padres y hermanos, incluso con sus hijos si los tuviera. Mira bien cómo maneja la ira, los celos y la sexualidad.

Observa especialmente cómo actúa bajo presión, pues, como dije en páginas anteriores, el verdadero carácter, al igual que las antiguas fotografías, se revela en la oscuridad. Permanece atenta o atento a cómo asume sus responsabilidades y compromisos, cómo cuida su integridad, su pureza, cómo se responsabiliza de su vida, sus acciones, sus emociones y sentimientos.

El noviazgo no es para descubrir el cuerpo, es para explorar el carácter y analizar el alma. Por eso, si te enamoras, observa bien, una y otra vez, su carácter. Las actitudes se afianzan y agudizan con el paso del tiempo. Cuando te casas con un cuerpo debes entender que este se deteriora con la edad. Por más que lo cuidemos —y haremos bien en cuidarlo—, la ley de la gravedad no le hace concesiones a nadie. Lo que hoy es firme mañana pierde firmeza; los músculos descansan y se expanden, pero los filos del carácter se agudizan cada vez más. Los músculos se ablandan, pero los rasgos del carácter se robustecen, para bien y para mal.

Mucho más importante que el color de unos ojos es el enfoque de la visión. Más importante que la forma de unas manos es en qué prefiere emplearlas. Más importante que la longitud de unas piernas es el tamaño del corazón.

Más vale dos que uno, porque el resultado puede ser mucho mejor. Si uno cae, el otro lo levanta; pero si el hombre solitario cae, su problema es grave.

Además, en noche fría, dos bajo una frazada mutuamente se dan calor; pero, ¿cómo se calentará el solitario? Y uno solo puede ser atacado y vencido, pero dos, espalda contra espalda, pueden resistir y triunfar; y tres son aún mejores, pues una cuerda de tres hilos no es fácil de romper.

(Eclesiastés 4:9-12 NBV)

MUCHO MÁS IMPORTANTE QUE EL COLOR DE UNOS OJOS ES EL ENFOQUE DE LA VISIÓN. MÁS IMPORTANTE QUE LA FORMA DE UNAS MANOS, ES EN QUÉ PREFIERE EMPLEARLAS. MÁS IMPORTANTE QUE LA LONGITUD DE UNAS PIERNAS ES EL TAMAÑO DEL CORAZÓN.

# ¡COMO DOS TÓRTOLOS!

*El amor es paciente, es bondadoso. El amor no tiene envidia; el amor no es jactancioso, no es arrogante. No se porta indecorosamente; no busca lo suyo, no se irrita, no toma en cuenta el mal recibido. El amor no se regocija de la injusticia, sino que se alegra con la verdad. Todo lo sufre, todo lo cree, todo lo espera, todo lo soporta. El amor nunca deja de ser. Pero si hay dones de profecía, se acabarán; si hay lenguas, cesarán; si hay conocimiento, se acabará.*

(1 Corintios 13:4-8 NBLA)

Hay un ave que la Biblia menciona con frecuencia y que suele relacionarse de manera directa con este asunto del amor: me refiero a la tórtola, y me fascina el paisaje donde la sitúa el autor del Cantar de los Cantares: «Ya han brotado flores en el campo, ya ha llegado el tiempo de cantar, ya se escucha en nuestra tierra el arrullo de las tórtolas» (Cantares 2:12 DHH).

¿Conoces a las tórtolas? Son unas aves de la familia de las palomas, algo más pequeñas que estas. Si hablamos de la tórtola europea, que es la que más conozco, se trata de un ave esbelta y de pequeño tamaño, que mide entre 24 y 29 cm de largo, con sus alas extendidas apenas alcanza una envergadura de 50 cm y pesa entre 85 y 170 g. Su plumaje es en general parduzco. Su cabeza, cuello y flancos son grisáceos, y presenta una mancha listada en negro y blanco en los laterales del cuello, muy característica. Sus alas presentan un patrón escamado, debido a que sus coberteras tienen el centro negruzco y los bordes de color canela. Su pecho posee cierto tono vinoso, mientras que su vientre y la parte inferior de su cola son blancos. Su pico es negro, y presenta una zona desnuda de color rojo alrededor de sus ojos de iris amarillo. Sus patas también son rojas.

En lo que son idénticas a todas las demás tórtolas es en su voz. Se trata de un arrullo monótono y monocorde, no varían nunca de nota.

Pero déjame que salga del ámbito físico del ave para resaltar una de las principales características de este pájaro: durante su breve existencia de unos diez años, hace vida de pareja hasta la muerte. Es decir, son monógamos.

Esa es la razón de que simbolicen al amor verdadero, y de que cuando vemos a una pareja con signos de evidente enamoramiento, digamos: «¡Mira esos tórtolos!».

En el caso de la tórtola, cuando uno de ellos muere, supone para el que queda una pérdida emocional muy intensa, casi irreparable, y le es muy difícil encontrar nuevamente una pareja.

*La primera característica de la tórtola es la fidelidad.* Busca eso en tu pareja: lealtad, fidelidad e integridad.

*La segunda enseñanza que extraemos de la tórtola es que anuncia la primavera*: «Ya han brotado flores en el campo, ya ha llegado el tiempo de cantar, ya se escucha en nuestra tierra el arrullo de las tórtolas» (Cantares 2:12 DHH).

Como dije, el canto de la tórtola no es demasiado atractivo, sin embargo, todos lo aman por lo que anuncia: ¡llegó la primavera! Una de las mayores bendiciones que podemos encontrar en nuestra pareja es que haga brotar la primavera en nuestra vida. Busca a alguien que dibuje tu sonrisa y haga cosquillas en tu corazón.

No te quedes con quien prometa bajarte la luna, elige a quien sople las nubes para que puedas ver el sol.

Ayuda, si puedes, a la gente gris, pero cuida que no te roben tus colores. Cuida de no hacerte pedazos en el empeño de que otros estén completos.

Es bien cierto que todos, sin excepción, tendremos periodos de dolor, llanto y decaimiento, pero cuidado con quien siempre está abajo e intenta arrastrarte con él o ella a su abismo crónico. La relación que intoxica acaba matando.

Todos atravesamos inviernos, pero está en nuestra decisión intentar proyectar la primavera.

Mira cómo lo explica el sabio Salomón: «Es mejor ser dos que uno, porque ambos pueden ayudarse mutuamente a lograr el éxito. Si uno cae, el otro puede darle la mano y ayudarle; pero el que cae y está solo, ese sí que está en problemas. Del mismo modo, si dos personas se recuestan juntas, pueden brindarse calor mutuamente; pero ¿cómo hace uno solo para entrar en calor? Alguien que está solo puede ser atacado y vencido, pero si son dos, se ponen de espalda con espalda y vencen; mejor todavía si son tres, porque una cuerda triple no se corta fácilmente» (Eclesiastés 4:9-12 NTV). ¿Puedes apreciar la necesidad de una alternancia en esto de ayudarnos? Es fundamental comprender que todos necesitaremos ayuda para levantarnos en el momento de nuestra caída, pero cuídate de las personas que se enamoran del suelo y no quieren levantarse.

*La tercera clave de la tórtola es la humildad.* ¡Cuidado con el narcisista yególatra! En el Antiguo Testamento vemos que la tórtola era la ofrenda que podían llevar las familias que no tuvieran medios suficientes para sacrificar un cordero. Quienes llegaban al templo portando tórtolas ponían en evidencia pertenecer a una familia humilde y de escasos recursos. José y María, padres de Jesús, se acogieron a esta opción cuando llegó el momento del sacrificio: «Cuando se cumplieron los días en que ellos debían purificarse según la ley de Moisés, llevaron al niño a Jerusalén para presentárselo al Señor. Lo hicieron así porque en la ley del Señor está escrito: "Todo primer hijo varón será consagrado al Señor". Fueron, pues, a ofrecer en sacrificio lo que manda la ley del Señor: un par de tórtolas o dos pichones de paloma» (Lucas 2:22-24 DHH).

No tenían apenas nada, pero ofrendaban la tórtola.

En definitiva, tres características esenciales para una relación saludable son:
- Integridad.
- Optimismo.
- Humildad.

Por descontado, el elemento principal para que una relación sea saludable y sólida es la presencia del amor, y no puedo cerrar esta reflexión sin poner de relieve que la verdadera fuente de amor es Dios, porque «Dios es amor» (1 Juan 4:7).

---

AYUDA, SI PUEDES, A LA GENTE GRIS, PERO CUIDA QUE NO TE ROBEN TUS COLORES. CUIDA DE NO HACERTE PEDAZOS EN EL EMPEÑO DE QUE OTROS ESTÉN COMPLETOS.

---

# EL CALOR DE SU PRESENCIA

*Cuando por fin el faraón dejó salir a los israelitas, Dios no los guió por el camino principal que atraviesa el territorio filisteo, aunque esa era la ruta más corta a la Tierra Prometida. Dios dijo: 'Si los israelitas llegaran a enfrentar una batalla, podrían cambiar de parecer y regresar a Egipto'. Por eso Dios los hizo dar un rodeo por el camino del desierto, hacia el mar Rojo. Así los israelitas salieron de Egipto como un ejército preparado para la batalla.*

*Moisés llevó consigo los restos de José, porque José había hecho jurar a los hijos de Israel que así lo harían cuando dijo: 'Pueden estar seguros de que Dios vendrá a ayudarlos. Cuando eso suceda, llévense de aquí mis restos con ustedes'. Entonces los israelitas salieron de Sucot y acamparon en Etam, al límite del desierto. El Señor iba delante de ellos, y los guiaba durante el día mediante una columna de nube y les daba luz durante la noche con una columna de fuego. Esto les permitía viajar de día y de noche. El Señor nunca quitó de su lugar, delante de ellos, la columna de nube ni la columna de fuego.*

(ÉXODO 13:17-22 NTV)

Lo recuerdo perfectamente a pesar del mucho tiempo transcurrido, y es que lo viví en primera persona.

Avanzaba el mes de enero y resultó especialmente gélido ese año. El frío imperaba y aquel domingo, en la pequeña capilla, se iba a proceder a un acto de bautismos.

El templo era de dimensiones reducidas y cada espacio se aprovechaba al máximo, por lo que la pequeña piscina bautismal había sido construida en la misma superficie que ocupaba el altar de la iglesia. Unas maderas cubrían el baptisterio, sobre las maderas había una alfombra, y encima de ella el púlpito.

Concluido el tiempo de alabanza y también la predicación, se retiró la alfombra y procedieron a alzar y apartar la cubierta de madera, disponiéndose todo para el esperado ritual de los bautismos.

El pastor se aproximó para descender al agua y desde allí ir llamando a los candidatos. Introducir el pie y retirarlo a la velocidad del rayo fue todo uno. Miró con gesto de estupor a sus compañeros y con voz susurrante, pero claramente perceptible, dijo:

—El agua está helada...

Miró a la iglesia: todos cantaban, dándole tiempo para iniciar el acto de bautismos.

Dirigió de nuevo la mirada al agua y supo que no había otra alternativa. Valientemente introdujo un pie y luego el otro... Hay quien asegura que le escucharon declamar lentamente mientras se sumergía: «Las tribulaciones del tiempo presente no son comparables con la dicha venidera...».

Por fin estaba dentro. Los candidatos, por turno, fueron descendiendo también. Una leve exclamación surgía cada vez que uno tocaba el agua. Sus rostros mostraban un ligero temblor y lo más llamativo era la velocidad con la que abandonaban el baptisterio, dejando solo al pastor, a quien no le quedaba más remedio que permanecer allí. Con el discurrir de los minutos, sus labios iban adquiriendo un tono azulado.

Terminado el memorable culto, hubo una amistosa conversación con el responsable de preparar el baptisterio.

Hoy, pese a estar solo, reí con ganas recordando aquel momento. Reflexioné luego en que hay momentos en la vida cuando el frío aprieta. No me refiero a cuestiones climatológicas, sino al hielo interno que deja aterida el alma. Algunos lo llaman el invierno espiritual y otros se refieren a esa etapa como la noche oscura del alma. Son partes del camino en las que el corazón se encoge bajo el frío de la prueba.

¿Te fijaste en la columna de fuego que acompañó al pueblo de Israel durante su peregrinación por el desierto?

Siempre me llamó la atención.

¿Por qué fuego?

La respuesta parece obvia: porque precisaban luz en medio de la cerrada noche. El desierto de Sinaí, sin ninguna contaminación lumínica, tenía una oscuridad nocturna estremecedora. Es importante conocer el terror que la humanidad de aquel entonces tenía a las tinieblas. Es suficiente con recordar que la penúltima plaga con la que Dios sacudió a Egipto fue una plaga de tinieblas. Asimismo, la Biblia, cuando define el castigo eterno, lo muestra como «las tinieblas de afuera [donde] será el lloro y el crujir de dientes» (Mateo 25:29).

Jesús, describiendo su naturaleza, declaró: «Yo soy la luz del mundo; el que me sigue, no andará en tinieblas» (Juan 8:12).

Así que esa columna de fuego era una gigantesca lumbrera en medio de la oscuridad del desierto. Pero, además, el fuego servía para proporcionar calor en las gélidas noches del desierto. Sinaí era un lugar de climas extremos: tórrido sol en el día y un frío helador en la noche. Durante la jornada, la columna de nube protegía al pueblo de los letales rayos de sol, mientras que la columna de fuego era una protección necesaria contra el frío extremo de la noche.

La conclusión que quiero extraer es que Dios provee un cálido manto de paz en las noches más oscuras del alma. Hoy, sin importar cómo se llame tu desierto, ni cuán oscura sea tu noche del alma, te animo a convertir el corazón de Dios en almohada

y su costado abierto en el refugio que te protegerá
hasta que amanezca el día y se retiren las sombras.

El S*eñor* nunca quitó de su lugar, delante de
ellos, la columna de nube ni la columna de
fuego.

(Éxodo 13:22 ntv)

DIOS PROVEE UN CÁLIDO MANTO DE PAZ
EN LAS NOCHES MÁS OSCURAS DEL ALMA.

# NI TAN FRÍO
# NI TAN CALIENTE

*Como frío de nieve en tiempo de la siega, Así es el mensajero
fiel a los que lo envían, Pues al alma de su señor da refrigerio.*

(Proverbios 25:13)

De nuevo, la iglesia celebraba un bonito culto de
bautismos y todo estaba preparado para una verdadera
fiesta.

En la mente de algunos se mantenía fresco
—nunca mejor dicho— el recuerdo del agua gélida
del último bautismo. Los encargados de preparar
el baptisterio hicieron voto de que tal situación no
volvería a repetirse, y esa afirmación actúa como
un manto de serenidad arropando a los candidatos
al bautismo, lo mismo que al pastor que oficiará el
acto.

Un hermoso tiempo de alabanza introduce la
edificante predicación de la Palabra, tras lo cual
se procede a descubrir el baptisterio. Retirada la
alfombra, se quitan los tableros que cubren la pileta.
Solo los más observadores aprecian la nube
que asciende del agua y queda flotando en el aire
como un negro presagio. Mientras las volutas de

vapor ascienden lentamente, el pastor se aproxima al agua. Es instantáneo: apenas su pie se sumerge, su frente se perla de sudor mientras aprieta los dientes embargado por un pesado e insufrible calor. Como avezado pentecostal, sabe distinguir que la sensación no tiene nada que ver con el fuego del Espíritu, sino con que el agua tiene una temperatura próxima a la ebullición. Esa pileta bautismal es una olla capaz de cocer cualquier cosa que en ella se sumerja.

El pastor saca el pie del agua con toda la elegancia posible, y dirige una sonrisa a la persona indicada, que, captando de inmediato el mensaje, hace fluir agua fría al baptisterio. Tres o cuatro voluntarios corren en busca de hielo con el que atemperar el agua para que el entierro simbólico que representan los bautismos no adquiera trágica literalidad.

Cien o ciento cincuenta litros después, y con un aplomo estoico, el pastor comienza a descender las húmedas escaleras, presintiendo que un nuevo nombre va a engrosar la lista de los mártires cristianos. La diferencia es que en ese caso no serían los enemigos, sino los propios hermanos, quienes darían muerte y sepultura al héroe de la fe. Por amor a los candidatos, que ya han percibido lo que ocurre y sudan copiosamente, se abrió el ya acostumbrado paréntesis, tan prolongado como la paciencia de la iglesia permite, mientras se sigue vertiendo agua fría en la pileta bautismal.

El sudoroso pastor llama a la primera persona que ha de ser bautizada, quien, temiéndose lo peor, intenta postergar su bautismo, cediendo gentilmente su lugar a cualquiera que desee precederlo. Una lluvia de cortesía parece haber descendido sobre el templo evangélico y todos quieren ceder su lugar. Nadie admite ser el primero. Todo tiene un límite, incluso la gentileza, por lo que el candidato debe descender al ardiente baptisterio pentecostal.

Con una rapidez inusitada, contesta a las preguntas formuladas y, tras ser sumergido, resucita como el relámpago, surgiendo del agua con la boca abierta en un silencioso grito y los brazos extendidos en un desesperado intento de volar a alturas más frescas.

Ciertamente, los responsables de llenar el baptisterio habían cumplido su palabra cuando dijeron: «Tranquilos, esta vez no pasarán frío».

Creo que fueron muchos los que aquel día rememoraron las palabras del sabio Salomón: «Como frío de nieve en tiempo de la siega, así es el mensajero fiel a los que lo envían, pues al alma de su señor da refrigerio» (Proverbios 25:13). Y fueron también muchos los que añoraron ese bendito frío.

¿Surgió algo positivo de aquel acto de bautismos? ¡Por supuesto que sí! El incidente no restó valor al feliz hecho de que varias personas dieron testimonio público de fe, y muchos escucharon esa noche la Buena Nueva de salvación. Pero otro feliz resultado fue que aquel día se sentaron bases para que un incidente como ese no se repitiera. En definitiva, las grandes crisis son el útero de importantes cambios. De ese modo, los errores se erigen en grandes y efectivos maestros. Probablemente no sepas quién es Art Fry. Te daré alguna pista: fue un químico e investigador que trabajaba para la empresa 3M, pero era, además, un ferviente cristiano que ensayaba con el coro de su iglesia todos los miércoles por la noche y utilizaba pedacitos de papel para señalar los himnos de su libro de salmos que se iban a cantar en el siguiente servicio. Ocurría que, al llegar el domingo, se encontraba con que todos los pedacitos de papel se habían caído y estaban desperdigados por el suelo.

Un día le llegó la inspiración. Se acordó de que Spencer Silver, un compañero de 3M, había inventado un pegamento tan flojo que no servía para pegar y fue desechado por 3M. Sin embargo, se despegaba con facilidad, sin dañar el papel y sin dejar restos. Fry comenzó a experimentar para aplicarlo a sus papelitos separadores y hacerlos autoadhesivos. El invento era ideal para separar las páginas de su libro de salmos y también permitía escribir notas. De allí surgieron las mundialmente conocidas Post It de 3M.

De un invento fallido surgió algo que ha facilitado la vida a millones de personas.

Me produce una paz inmensa saber que cada uno de mis errores puede convertirse en una nueva oportunidad. Dios se ha especializado en tomar los pedazos resultantes de mis fracasos y convertirlos en obras de arte.

> Si regresas a mí te restauraré para que puedas continuar sirviéndome.
>
> (Jeremías 15:19 NTV)

Él no hace astillas al árbol caído. Lo levanta, lo restaura y vuelve a arraigarlo en la tierra de su gracia.

———

DIOS SE HA ESPECIALIZADO EN TOMAR LOS PEDAZOS RESULTANTES DE MIS FRACASOS Y CONVERTIRLOS EN OBRAS DE ARTE.

———

# NI FRÍO NI CALIENTE

*¡Pero sólo eres tibio! No eres ni frío ni caliente, y por eso voy a vomitarte de mi boca.*

(Apocalipsis 3:16 BLP)

Es el tercer culto de bautismos en lo que va de año y la atmósfera es hermosa. Ocupando la segunda fila de asientos, un grupo de hombres y mujeres viste ropas de blanco angelical. Es la costumbre de la iglesia: el blanco irradia pureza y por eso es el color que visten los candidatos al bautismo.

Todos ellos aguardan, impacientes, el momento de ser sumergidos en el agua, dando de ese modo testimonio público de su deseo de seguir a Jesús.

Ahora el coro entona un canto mientras los encargados proceden a retirar la alfombra y la cubierta de madera que cubre el baptisterio.

Los últimos acontecimientos —agua hirviendo un día y a una temperatura gélida el otro— han generado inquietud en todos los implicados en el ritual, por lo que conversaciones previas se enfocaron en la imperiosa necesidad de que este acto de bautismos no se caracterice ni por el hielo ni por el fuego en la temperatura del agua.

Sentado en la primera fila, el famoso —muy a su pesar— responsable de llenar el baptisterio luce un gesto de suficiencia mientras comenta con la persona sentada a su lado:

—Esta vez me he asegurado de que el agua no esté ni fría ni caliente...

Apenas ha terminado de decir esas palabras cuando un muchacho que se ha ocupado de retirar las tablas se aproxima y comenta:

—El agua no está ni fría ni caliente.

—¿Qué te dije? —replica, sonriente, el aguador.

—No está fría ni caliente porque no hay agua. ¡El baptisterio está vacío!

La sonrisa se congeló —no a causa del frío, sino del pánico— en el rostro del responsable, quien de un salto se aproximó para descubrir, abrumado y abatido, que el desagüe se cerró de forma defectuosa y en el baptisterio no quedaba ni el vapor del agua.

El hombre dirige una mirada de derrota hacia el templo abarrotado... Los candidatos al bautismo están vestidos para tal fin y muy impacientes. Sus familiares y amigos llenan la iglesia. Dos gotas de sudor, redondas y gruesas, afloran en su frente, precipitándose hasta empapar sus cejas.

No queda otra alternativa que tapar bien el desagüe y proceder a, de nuevo, llenar la piscina.

Para ocupar el rato se hacen los comunicados y anuncios hasta cubrir las actividades de los próximos diez meses. El coro agota su repertorio de canciones; vocalistas y congregación quedan roncos de tanto cantar, pero el agua solo cubre los pies del pastor. Aun así, este opta por dar inicio a los bautismos sin más dilación, aunque la mayoría nos preguntamos cómo lo hará.

El primer candidato desciende al baptisterio con gesto de perplejidad y, ante la sorpresa de todos, el pastor lo invita a sentarse en el suelo, cual infante a la orilla del mar, con sus piernas extendidas y chapoteando en el agua. Tras las adecuadas preguntas y respuestas. La parte superior del cuerpo se extiende hasta que queda tumbado, pero aún así no hay profundidad como para sumergirlo, por lo que el pastor rocía al candidato, echándole por encima agua con ambas manos.

Tras la sorpresa inicial vino la gran duda, ¿hoy se bautiza por inmersión o por aspersión?

Todos cometemos errores, unos más y otros menos. Algunos son verdaderas meteduras de pata y otros son equivocaciones sin mayor trascendencia. Sin embargo, la forma en que enfrentamos los errores varía mucho de una persona a otra. Hay quienes logran pasar página con gran facilidad y otros se quedan atrapados en el sentimiento de culpa.

Vale aclarar que, cuando cometemos un error, una de nuestras primeras reacciones consiste en culparnos. Se trata de algo perfectamente normal.

Pero una cosa es asumir responsabilidades y aprender del error y otra muy diferente es llorar sobre la leche derramada y pasar años de nuestra vida castigándonos por eso. Por lo general, el autocastigo está profundamente vinculado con la autoestima. Cuando tenemos una autoestima baja, asumiremos la tendencia a pensar que todo ocurre por nuestra culpa y que merecemos ser castigados. Entonces nos autoimponemos la penitencia, que puede ser más o menos severa. En la base de este mecanismo no solo se encuentra la creencia de que no somos merecedores de estima, sino que también hay mucha rabia, que dirigimos hacia nosotros mismos.

Algo muy importante es entender que las personas que suelen castigarse con mayor crueldad son precisamente quienes crecieron en ambientes muy autoritarios y rígidos, donde los errores eran vistos como defectos y no como oportunidades para el crecimiento. También se aprecia esta tendencia en personas perfeccionistas que hacen de los errores casi un ataque a su imagen y a la integridad que han ido construyendo.

En otras ocasiones, las personas se castigan porque no son capaces de pedir perdón o porque son demasiado rígidas como para perdonarse. Es una enorme verdad que nosotros somos nuestros jueces más severos.

Ya sea por una u otra causa, lo cierto es que imponerse un castigo es un intento de expiar las culpas y sentirse mejor consigo mismo. La persona piensa que su comportamiento ha sido indigno y, como no lo puede reparar, se impone una penitencia que la «liberará» del daño que ha causado. El problema es que esa penitencia no suele acabar nunca y, al final, en vez de provocar alivio, termina dañando profundamente a la persona.

Permíteme contarte la historia de un señor que un día leyó su propio obituario en el periódico. El obituario decía que él (y muchos más) habían muerto a causa de una explosión por la dinamita que su propia familia producía. El reporte del periódico decía la verdad: su familia producía dinamita, muchas personas morían en explosiones a causa de ella y él incluso había acumulado una inmensa fortuna produciéndola. Lo único que no era verdad en la noticia del periódico era que él hubiera muerto. Quien había fallecido era su hermano.

Sin embargo, cuando este señor leyó su propio obituario comprendió que las personas lo recordarían solamente por todos los explosivos que había creado y por las muertes resultantes. Desde ese día en adelante, Alfred Nobel se enfocó en promover la paz y reconocer todas las contribuciones a la humanidad. Así es como nacieron los Premios Nobel. Hoy en día estos galardones constituyen uno de los más grandes honores que cualquier persona pueda recibir por sus grandes logros en pro del bienestar del mundo.

Debemos hacernos la misma pregunta que se hizo Alfred Nobel: si pronto llegase el fin de mi vida, ¿qué cambiaría?

¿Hay errores en tu pasado? Asúmelos, intenta enmendarlos y enfócate en el futuro. Hay quienes le dan tanta importancia al pasado que lo convierten en su eterno presente.

El día de hoy podemos decidir enmendar nuestros errores y ser un ejemplo a seguir.

¡Voy a hacer algo nuevo! Ya está sucediendo, ¿no se dan cuenta? Estoy abriendo un camino en el desierto y ríos en lugares desolados.

(Isaías 43:19 NVI)

Por lo general, el autocastigo está profundamente vinculado con la autoestima. Cuando tenemos una autoestima baja, asumiremos la tendencia a pensar que todo ocurre por nuestra culpa y que merecemos ser castigados.

# SÉ UN PACIFICADOR

*La suave respuesta aparta el furor, pero la palabra hiriente hace subir la ira.*

(Proverbios 15:1 NBLA)

*La sabiduría que viene del cielo es, ante todo, pura. También es pacífica, considerada y flexible. Además siempre es compasiva y produce una cosecha de bondad. Así mismo es justa y sincera. Aquellos que promueven la paz por medios pacíficos están sembrando una cosecha de justicia.*

(Santiago 3:17-18 PDT)

Una cría de camello y su madre se encontraban descansando bajo un árbol. Entonces el pequeño preguntó a su mamá:

—¿Por qué los camellos tenemos joroba?

La mamá camello pensó un momento y respondió:

—Somos animales del desierto, por eso tenemos una joroba para almacenar agua y sobrevivir en medio del calor.

El pequeño animal pareció reflexionar un rato en la respuesta y luego dijo:

—¿Por qué nuestras patas son tan largas?

—Son para caminar mejor en la arena del desierto —respondió pacientemente la mamá. Después de un rato el camellito volvió a preguntar:

—Y nuestras pestañas, ¿por qué son tan largas? A veces siento que me estorban para mirar.

Ella respondió:

—Esas enormes pestañas protegen tus ojos de la arena del desierto cuando el viento sopla.

El pequeño pensó y pensó, y luego dijo:

—Ya veo, entonces, si la joroba es para almacenar agua cuando estamos en el desierto, las piernas largas son para caminar mejor en el desierto y las enormes pestañas son para protegernos de la arena del desierto, ¿qué hacemos en un zoológico?

No tuvo la mamá respuesta para tan profunda pregunta, y el pequeño camello se fue a un rincón, sintiéndose realmente enfadado. Dicen que estuvo varios días sin querer hablar con nadie; ni siquiera quiso comer, hasta que, a punto de enfermar, optó por alimentarse.

Quiero extraer dos lecciones de esta historia:

La primera es que Dios nos diseñó de manera perfecta para un destino y propósito específico. Si percibes que no encajas, párate a pensar si estás en tu lugar.

No permanezcas en un lugar en el que no puedas florecer, aunque te guste.

A menudo, el rechazo que otros puedan mostrar hacia nuestros talentos no tiene que ver con que estos sean defectuosos, sino con que intentamos ejercerlos en el lugar equivocado.

La segunda lección que extraigo de las preguntas del pequeño camello tiene que ver con el gran enfado que esas situaciones provocan. Cuando tú seas el ofendido, pacifica. No explotes de ira, sino respira profundamente hasta sosegarte.

La forma en que otros se comportan puede llegar a exasperarnos, pero te aseguro que muchos de esos comportamientos tienen su raíz en guerras internas que ellos mismos sufren. A lo largo de mi vida he recibido determinados agravios, y las subsiguientes investigaciones arrojaron el resultado de que mi verdugo era, en realidad, una víctima. Más que juicio, lo que precisaba era simpatía, comprensión y ayuda. Sugiero que no hables mal de aquel cuya carga nunca llevaste, ni juzgues a alguien en cuyos zapatos no has caminado.

Y, sobre todo, recuerda: no tomes decisiones permanentes por situaciones transitorias. Aunque estés seguro de que te corresponde abandonar un lugar, no hagas mudanzas en tiempos de tempestad. Espera a que amaine la tormenta.

Antes de concluir esta reflexión, permíteme presentarte otra escena. Imagina esto, por favor:

Alguien se ofendió contigo y contra ti. Lo que hiciste o dijiste molestó mucho a un tercero y este viene a pedirte cuentas.

Es muy posible que en el calor de su enojo te hable de manera inapropiada, incluso airada e hiriente. ¿Cómo deberías actuar? Te sugiero que le dejes hablar hasta que se calme. Hay una reacción muy humana que los estudiosos denominan «síndrome de la cabeza de pecera». ¿Sabes en qué consiste? Cuando estamos muy enfadados, una especie de agua interior cubre totalmente nuestro sistema auditivo. Por más cosas que nos digan, no escuchamos nada. Es necesario dar salida a esa agua, y ese vaciado suele hacerse mediante el habla: profiriendo palabras y frases poco medidas y nada reflexionadas.

A la hora de tratar con alguien que experimenta un brote de gran enfado, hay que dejarle hablar, aunque lo que salga sea agua sucia. Cuando el nivel del agua descienda de las orejas, nos escuchará.

Así que sé muy cauto al hablar y muy paciente y misericordioso al escuchar.

Sabed, hermanos míos queridos, que es preciso ser diligentes para escuchar, parcos al hablar y remisos en airarse.

(Santiago 1:19 BLP)

---

No tomes decisiones permanentes por
situaciones transitorias. Aunque
estés seguro de que te corresponde
abandonar un lugar, no hagas
mudanzas en tiempos de tempestad.
Espera a que amaine la tormenta.

---

# PARA «ACERCARME A» DEBO «SEPARARME DE»

*Estoy convencido de que Dios empezó una buena obra entre ustedes y la continuará hasta completarla el día en que Jesucristo regrese.*

(Filipenses 1:6 PDT)

*Sé muy bien lo que tengo planeado para ustedes, dice el SEÑOR, son planes para su bienestar, no para su mal. Son planes de darles un futuro y una esperanza.*

(Jeremías 29:11 PDT)

Un joven profesor, más sabio en su opinión que en el criterio de quienes lo conocían, visitó a un anciano, este sí, muy sabio. El viejo le abrió la puerta y, enseguida, el docente comenzó a hablar sin pausa, exhibiendo todo su conocimiento.

El anciano escuchaba atento y el profesor no paraba de hablar intentando sorprender al sabio con su conocimiento.

—¿Tomamos un té? —interrumpió el anciano.

—¡Claro! ¡Fantástico! —dijo el joven.

El sabio preparó pacientemente la infusión y luego empezó a llenar la taza del joven y, cuando se había llenado, no paró, por lo que el té comenzó a desbordarse de la taza, cayendo sobre la mesa.

—¿Qué haces? —replicó el profesor— ¿No ves que la taza ya está llena?

El sabio respondió muy calmado:

—Al igual que ocurre con la taza, tú estás lleno de tus propias opiniones, sabiduría y creencias. Si quieres aprender algo nuevo, primero tendrás que vaciarte de ellas.

A veces lo más urgente no es crecer, sino menguar. Venirme a menos y entender que para ser lleno debo vaciarme primero.

¿Cómo conseguirlo?

Es algo que Dios hace en nuestras vidas, y lo realiza mediante procesos que buscan limar nuestras aristas cortantes y sacar lo mejor de nosotros. No siempre son sencillos esos procedimientos, pues en ocasiones implican soltar cosas que agarramos, borrar creencias que escribimos o deshacernos de criterios que atesoramos. No, no son sencillos, pero resultan imprescindibles.

Para «acercarme a» debo «separarme de». En ocasiones debo soltar lo bueno para agarrar lo mejor.

El destino no es un misterio, es la suma de mis hábitos conjugada con la gracia de Dios que obra en mí. Para que la parte divina, su gracia, sea efectiva, es necesario ajustar el factor humano, los hábitos, y estos van purificándose a lo largo del proceso.

Un diamante no es otra cosa que un trozo de carbón que soportó una presión extraordinaria. Perdió para ganar. Renunció a una condición para abrazar otra diferente. Hasta el día de hoy, el divino Gemólogo sigue convirtiendo desechos en diamantes a través de los cuales muestra su gloria.

Juan, conocido como el Bautista y primo de Jesús de Nazaret, acertó de pleno cuando llegó a la siguiente conclusión: «Es necesario que él crezca, pero que yo mengüe» (Juan 3:30).

Me gusta mucho cómo se transcribe en la versión española de La Palabra.

Él debe brillar cada vez más, mientras yo he de ir quedando en la sombra.

(Juan 3:30 BLP)

---

EL DESTINO NO ES UN MISTERIO, ES LA SUMA DE MIS HÁBITOS CONJUGADA CON LA GRACIA DE DIOS QUE OBRA EN MÍ.

---

# PARA «ACERCARME A»
# DEBO «SEPARARME DE» (II)

*Por tanto, salgan de en medio de ellos y apártense, dice el
Señor, y no toquen lo inmundo, y yo los recibiré. Yo seré un
padre para ustedes, y ustedes serán para Mí hijos e hijas, dice
el Señor Todopoderoso.*

(2 Corintios 6:17-18 NBLA)

Se hace necesario «salir de en medio de ellos para
que yo os reciba, dice el Señor».

Es imprescindible soltar para agarrar, vaciar
para llenar y borrar para escribir.

Si quiero concentrarme en el futuro, debo soltar el pasado, porque el secreto de la concentración
está en la eliminación.

En la reflexión anterior puse el foco en cómo res-
pondemos a los procesos que nos van cambiando.
Hoy querría cargar la tinta sobre cómo reaccionan
quienes nos rodean.

¿Qué reacciones muestran cuando ven que estamos cambiando? Es posible, incluso probable, que
a muchos nos les agraden nuestros cambios.

Nuestra confianza debe estar en la obra que Dios
hace, y no en el criterio de quienes nos rodean,

porque, aun cuando llegásemos a ser diamantes, no gustaremos a todos. Es imposible caerle bien a todo el mundo y, si eso llegase a ocurrirte alguna vez, si algún día llegas a gustarle a todo el mundo, considera la posibilidad de que hayas dejado de ser sal y hayas pasado a ser azúcar.

Un síntoma de falta de madurez y también de falta de seguridad es sobrevalorar lo que los demás piensan de nosotros. Estamos madurando cuando nuestros espejos —donde obsesivamente nos miramos— van convirtiéndose en ventanas, a través de las cuales apreciamos el mundo y a las personas que lo habitan.

Permite que desgrane algunos principios que ayudarán a que el proceso de Dios se desarrolle en nuestra vida:

· Busca ayudar a los demás, pero hazlo con cuidado. No es tu trabajo arreglar a las personas inseguras; es tu trabajo arreglar la parte de ti que resonó con sus inseguridades.

· A veces es necesario decir: «¡Aporta o aparta!». En ocasiones, encajar puede hacerte sentir miserable. Sé tú mismo, y quien quiera seguir a tu lado que se quede contigo. Pero hagámoslo, eso sí, con gracia; utilizando la sinceridad como linterna y no como revólver.

· Dos cosas esenciales en la vida son saber llegar a tiempo y saber marcharse a tiempo. No continúes en un lugar donde no puedas florecer, aunque te guste. Saber cuándo marcharse es importante. Esto se aplica al trabajo, la fiesta, la relación, etc. No permanezcas en un entorno tóxico.

· Si ser tú mismo y someterte al proceso de Dios conlleva que algunas cosas que deseas no lleguen, tranquilo, descansa y confía. Una de las lecciones más importantes que aprendí en la vida es que, así como hay cosas que pasan por algo, también hay otras que por algo no pasan.

Aquí tienes determinadas claves que aprendí en el discurrir de la vida:

· Cuantos más sacrificios estés dispuesto a hacer, más éxito tendrás.

· Sonreír es magia moderna. La energía que irradias te brindará muchas oportunidades.

· Cuando sabes lo que quieres, tienes un plan para conseguirlo y trabajas con constancia, nada te detendrá.

· Entrena tu mente para mantener la calma cuando las cosas no salgan según lo previsto. Deja de quejarte de lo que no puedes controlar.

· Deja la mentalidad de víctima; abandona la autocompasión. Nunca permitas que el dolor te destruya. Por el contrario, fortalécete a partir del dolor.

• A menudo, tu antigua vida tiene que desmoronarse antes de que tu nueva vida pueda recomponerse. Así que no dudes en dejar el pasado en el pasado.

Sé muy bien lo que tengo planeado para ustedes, dice el SEÑOR, son planes para su bienestar, no para su mal. Son planes de darles un futuro y una esperanza.

(Jeremías 29:11 PDT)

———

DOS COSAS ESENCIALES EN LA VIDA: SABER LLEGAR A TIEMPO Y SABER MARCHARSE A TIEMPO. NO CONTINÚES EN UN LUGAR DONDE NO PUEDAS FLORECER, AUNQUE TE GUSTE.

———

# ANGELITOS...

*Entonces Manoa oró al Señor: «Oh Señor, te ruego que permitas el regreso del hombre de Dios que nos enviaste, para que nos enseñe cómo criar al niño que va a nacer».*

*Dios escuchó a Manoa y el ángel de Dios volvió a aparecerse a la mujer mientras esta se hallaba en el campo; pero Manoa, su esposo, no estaba con ella. La mujer corrió de inmediato a avisarle a su esposo: «¡Está aquí! ¡El hombre que se me apareció el otro día!».*

*Manoa se levantó y siguió a su esposa. Cuando llegó adonde estaba el hombre, dijo:*

*—¿Eres tú el que habló con mi esposa?*

*—Sí, soy yo —respondió él.*

*Así que Manoa preguntó:*

*—Cuando se cumplan tus palabras, ¿cómo debemos criar al niño? ¿Cómo deberá portarse?*

(Jueces 13:8–12 NVI)

Un ángel del Señor anunció a la esposa de Manoa que quedaría embarazada. Cuando esta se lo comunicó a su marido, él tuvo una curiosa reacción: ¡entró en pánico al pensar que no sabría educarlo bien!

Entonces elevó una oración, pidiendo a Dios que hiciese regresar al emisario celestial, pues necesitaba hacerle una pregunta.

Dios respondió la oración, el sagrado mensajero regresó y Manoa inquirió:

«Cuando se cumplan tus palabras y nazca el bebé, ¿cómo debemos criarlo? ¿Cómo deberá portarse?».

¿Te identificas con esta inquietud? ¿No es verdad que la labor de educar supone una responsabilidad enorme?

Si nunca fuiste padre o madre, es inútil que intente explicártelo; si lo fuiste, no necesitas que te lo explique.

Hay un proverbio chino que dice: «Es más fácil gobernar una nación que a un hijo».

Siempre recuerdo la confesión de una sufrida madre, quien me comentó: «Hace años tenía cinco métodos de educación y ningún hijo. Hoy tengo cinco hijos y ningún método de educación».

Tampoco tuvo desperdicio la conversación que, terminado el culto, unos padres mantenían en la puerta de la iglesia:

—Mi hija no me cuenta nada —lamentaba uno de los papás—, y eso me pone atacado de los nervios.

—La mía me lo cuenta todo —respondió el otro—, y eso me tiene con los nervios destrozados.

Los niños proporcionan momentos muy simpáticos, pues carecen de filtro y son transparentes.

Un pastor muy vehemente en su forma de predicar estaba visitando una iglesia rural. Con voz lúgubre y mirada fija y amenazante, comenzó su sermón, diciendo:

—Todos los miembros de esta parroquia van a morir.

Un niño sentado en las últimas filas comenzó a reír, lo que molestó mucho al predicador.

—Niño, ¿puedo saber qué es lo que te parece tan gracioso?

—Que yo no soy de esta iglesia —dijo con toda naturalidad—. Solo he venido a pasar el fin de semana con mis primos.

Ya que estamos hablando de niños, recuerdo cómo me hizo sonreír la siguiente conversación que se dio a la puerta de la iglesia:

Una severa plaga de mosquitos tenía en alerta a toda la barriada, y una madre le explica a otra:

—Mi hijo se echa el líquido ese para los mosquitos y no le pican.

—¿El repelente?

—No, el mediano.

Los hijos son, lo mires por donde lo mires, una bendición, pero una gloriosa bendición que a veces pesa. Hacemos en ellos una labor de siembra en fe: sembramos ejemplo, valores, principios, horas y más horas de dedicación y entrega. Sembramos con la firme esperanza de que veremos el fruto.

No desmayes, sigue utilizando ese precioso regalo que Dios depositó en tus brazos, sabiendo que el tiempo y las energías que dedicas darán su fruto.

Albert Einstein no solo fue un extraordinario físico, también fue un buen educador. A él se atribuye la siguiente frase: «El ejemplo no es la mejor forma de educar, es la única».

Con nuestros actos, cada día de nuestra vida hacemos depósitos en el banco de memoria de nuestros hijos. Busquemos que esa cuenta bancaria tan especial siempre esté llena de buenos recuerdos y de mejores ejemplos, porque es más fácil seguir huellas que obedecer órdenes.

CON NUESTROS ACTOS, CADA DÍA DE NUESTRA VIDA HACEMOS DEPÓSITOS EN EL BANCO DE MEMORIA DE NUESTROS HIJOS.

# PERDONA

*Pedro, acercándose entonces a Jesús, le preguntó:*
*—Señor, ¿cuántas veces he de perdonar a mi hermano si me*
*ofende? ¿Hasta siete veces?*
*Jesús le contestó:*
*—No te digo hasta siete veces, sino hasta setenta veces siete.*

(Mateo 18:21-22 BLP)

Lo que a continuación relato, por sorprendente que parezca, es un hecho verídico ocurrido hace unos años en la pequeña capilla donde me congregaba, un local de mínimas dimensiones, ubicado en una céntrica calle de Madrid.

El puñado de hermanos que componía la congregación se disponía a celebrar su culto dominical. Nada hacía pensar que aquel domingo fuera a ser distinto de los anteriores, sin embargo, algo sorprendente comenzó a ocurrir: una afluencia inusitada se agolpó en la entrada y muchos de los visitantes pasaron a la capilla y ocuparon los asientos. Los fieles sonreían al ver aquel aluvión de personas, todas impecablemente vestidas.

—¡La oración de años está siendo contestada! —decían unos.

—Es el fruto de la ardua labor evangelizadora
que hemos realizado —opinaban otros.

—¡Por fin llegó el avivamiento largamente esperado! —exclamaban los más emocionales.

Estos alegatos murieron bajo las ruedas de un
impresionante auto, engalanado con lazos y flores,
que paró frente a la puerta del templo. La reluciente
puerta trasera del vehículo se abrió y de su interior
descendió una dama vistiendo galas nupciales.

La joven lucía una radiante sonrisa que enseguida se apagó al no adivinar por ningún lado la
presencia de un contrayente con el que desposarse.

Se agarró, ya con gesto preocupado, al brazo de
un caballero que tenía todo el aspecto de ser un
padrino de boda.

Justo en ese instante se detuvo otro vehículo mucho más humilde que el anterior; era el auto del
pastor. Este, aparentando una serenidad admirable, saludó al padre de la novia, quien, con gesto
taciturno, ya estaba temiéndose lo peor.

—¿En qué puedo servirle? —quiso saber el pastor.

—¿Conoce a Antonio Rodriguez? —preguntó el
padrino y, señalando a la joven vestida de blanco,
aclaró—: Es el novio de mi hija. Nos ha citado aquí
para casarse con ella.

El libro de membresía de la iglesia era tan breve
que el pastor conocía de memoria a cada uno de
los inscritos, por lo que supo de inmediato que allí

jamás había acudido nadie que respondiera a la definición del misterioso novio.

Un ofendido padrino escuchó el consejo del pastor:

—Si quiere evitar a su hija una vergüenza mayor que la que ya está pasando, le sugiero que entren en su automóvil y se marchen. Lamento decirles que el tal Antonio nunca aparecerá. Ese hombre les ha engañado.

Pronto, los bancos de la iglesia quedaron de nuevo vacíos y un aire de nostalgia se cernió sobre el pequeño grupo que quedaba. Pero la tristeza rápido se disipó. El esfuerzo evangelizador aún tardaría un poco en dar su fruto, pero lo daría.

El culto comenzó y, tras unos minutos de alabanza, alguien oró: «Señor, consuela a esa familia y trae paz al corazón de esa novia despechada».

Ojalá nunca hayas vivido una situación semejante a la del relato, pero todos, en mayor o menor medida, hemos experimentado alguna circunstancia de esas que infligen un dolor atroz, especialmente cuando el golpe tiene aroma de traición.

Se atribuye a Viktor Frankl esta afirmación: «No podemos elegir lo que nos tocará enfrentar, pero sí podemos decidir con qué actitud vamos a enfrentarlo».

Jesús también emitió un consejo de difícil aplicación, pero que exhala sabiduría. Él dijo que ante toda ofensa, traición, decepción o injuria, optemos por perdonar.

¿Cuántas veces debo perdonar? Su voz sigue resonando en la bóveda de los siglos: «No te digo hasta siete veces, sino hasta setenta veces siete» (Mateo 18.22 BLP).

Este número no se refiere en concreto a la cifra resultante, cuatrocientas noventa veces, sino que es un símbolo que representa la idea de un perdón ilimitado y constante, sin importar cuántas veces una persona nos falle u ofenda.

El uso de la expresión setenta veces siete también puede ser visto como un símbolo de perfección e integridad, ya que es una multiplicación de dos números considerados sagrados en la Biblia: siete y diez. El número siete representa la totalidad o plenitud, mientras que el número diez representa la ley divina (recordemos los diez mandamientos), apunta a la totalidad: diez dedos en las manos y en los pies.

En resumen, la cifra simbólica *setenta veces siete* representa un perdón constante y sin límites, así como una perfección y cumplimiento total de la ley divina. Pero la clave que quiero destacar es que, al igual que ocurre con los demás mandamientos de Dios, también este no es solo un precepto, sino un principio que persigue nuestro propio beneficio: cuando otorgo perdón a mi ofensor, abro una prisión y liberto a un cautivo: yo soy el prisionero al que otorgo la libertad... No mi ofensor, ¡soy yo quien queda libre!

¿La razón? Las dos emociones más tóxicas que existen se resumen en dos R: la R de rencor y la R de remordimiento. Y se combaten con dos P: la P de perdonar y la P de perdonarme.

El rencor es guardar un registro permanente de las ofensas que otros me hicieron. El remordimiento es llevar ese mismo registro, pero de las cosas que yo mismo hice mal.

Ambas cosas son tóxicas hasta el punto de que pueden envenenarnos. Si no se neutralizan, pueden acabar en un desajuste emocional que derive en graves consecuencias.

Decidamos perdonar porque...

- El rencor se suscita con mucha facilidad y se elimina con mucha dificultad.

- El rencor busca colaboradores y aliados, une mucho a las familias, pero finalmente las destruye.

- El rencor, al igual que el amor, cuando se alimenta se vuelve fecundo y puede dar a luz cosas horribles e irreversibles.

- El rencor es hacer mil fotocopias del dolor vivido.

- El rencor es el veneno que uno se toma esperando que le haga daño al otro.

- El rencor es eso que se pasa con el perdón y con la decisión de ser feliz.

No viajes al pasado con rencor ni al futuro con angustia. Vive el presente con fe. Es imprescindible hacer las paces con el pasado para disfrutar el presente.

¿Cuál es el antídoto?

Si tomamos la palabra «arma» y la deconstruimos, como hacen los cocineros de diseño, vemos que tiene las mismas letras que la palabra «amar». *Amar* es el *arma* que cambia el mundo.

En la vida es preferible ser filtro a ser esponja. No acumules, mejor filtra y quédate solo con lo edificante. Echa de ti lo tóxico, lo negativo. Vierte el agua sucia de la bañera y quédate con el bebé.

Perdonar es avanzar, es caminar más ligero hacia la siguiente etapa de tu vida.

Ama a fondo perdido, incondicional y desmesuradamente.

¿Cómo logro algo así? Conectado a aquel cuya definición es AMOR...

Dios es amor (1 Juan 4:8).

---

En la vida es preferible ser filtro que ser esponja. No acumules, mejor filtra y quédate solo con lo edificante. Echa de ti lo tóxico, lo negativo. Vierte el agua sucia de la bañera y quédate con el bebé.

---

# PURIFICAR EL ORO

*Aunque durante un tiempo tengan que soportar muchas dificultades... tales dificultades serán una gran prueba de su fe, y se pueden comparar con el fuego que prueba la pureza del oro.*

(1 Pedro 1:6-7a PDT)

Creo que quienes ejercemos la función y ministerio de hablar en público tenemos un miedo recurrente: aburrir al auditorio, que se duerman mientras estamos hablando.

En lo personal, algunas noches he despertado sudando copiosamente tras soñar que predicaba la Palabra y uno a uno los oyentes fueron abandonando el templo hasta dejarme solo. El desasosiego con el que uno amanece tras un sueño así es considerable y tarda horas en desaparecer.

Sin embargo, hay episodios relacionados con esto que, al leerlos o escucharlos, nos hacen sonreír. Como el caso de aquel predicador a quien, vez tras vez, la audiencia se le quedaba dormida.

—Te sugiero —le dijo un compañero bienintencionado— que grabes el mensaje mientras lo predicas y luego lo escuches. De ese modo podrás identificar aquellas cosas que debes mejorar.

Pasadas unas semanas, los dos coincidieron en la calle.

—¿Seguiste mi consejo?

—Sí —dijo el predicador—. Grabé el mensaje...

—¿Y qué conclusiones extrajiste tras escucharlo?

—Ese es el problema —confesó afligido—. Comencé a escucharlo, pero enseguida me quedé dormido, por lo que no pude analizarlo.

Sin embargo, me consta que aquel predicador se dio a la tarea de pulir bien sus mensajes, y llegó a convertirse en un extraordinario comunicador de la Palabra de Dios. A partir de sus errores, decidió crecer y alcanzó notables cimas de excelente comunicación.

Los procesos difíciles nos preparan para posiciones nobles.

Te sugiero que leas de nuevo el versículo que abre este capítulo: «Aunque durante un tiempo tengan que soportar muchas dificultades [...] tales dificultades serán una gran prueba de su fe, y se pueden comparar con el fuego que prueba la pureza del oro» (1 Pedro 1:6-7a PDT).

El apóstol Pedro habla de determinadas dificultades que enfrentaremos y las compara con el proceso al que es sometido el oro con el fin de purificarlo.

En los tiempos del Antiguo Testamento había un complejo proceso de tres pasos para refinar el mineral extraído hasta convertirlo en oro puro.

*El primer paso en el proceso es la trituración:*

Se trata de romper y pulverizar el mineral hasta convertirlo en un polvo fino. Los elementos que rodean el oro, que suelen ser tierra, roca y otros minerales, metales y materiales no deseados, se pulverizan por completo.

Podemos aplicar la metáfora a nuestra vida: el «mineral» elegido por Dios contiene un exceso de elementos indeseables o «escoria». El primer paso en el proceso de refinación ilustra la humillación que cada persona debe experimentar antes de que Dios pueda comenzar a trabajar con él o ella. Son procesos que nos quebrantan y oprimen, pueden convertirse en el camino para sacar la escoria de nosotros.

El proceso de refinación del oro en los tiempos del Antiguo Testamento requería mucha mano de obra. El mineral indestructible, procesado con herramientas manuales primitivas, dejaba a los refinadores extenuados y frustrados mientras intentaban romperlo.

*La segunda parte del proceso era el lavado:*

Una vez que el mineral extraído se tritura en polvo, debe lavarse y limpiarse con frecuencia. Durante estos lavados, la mayoría de los minerales no deseados se eliminan, quedando solo los elementos metálicos.

En este punto del proceso de purificación, se recoge el mineral limpio y triturado y se coloca en un crisol de arcilla.

*La tercera parte del proceso consiste en someter el valioso metal al horno:*

El mineral, que todavía contiene escoria adherida, debe colocarse en un horno. El horno alcanza temperaturas extremas de 1.948 grados Fahrenheit (1.064 grados Celsius). Para llevar el horno a esa temperatura abrasadora, se utilizan fuelles que bombean oxígeno a la llama ardiente. Es en ese «infierno» abrasador donde el mineral se funde y sucede algo sorprendente: las impurezas del oro comienzan a salir a la superficie. Luego, un refinador se ocupa de eliminar las impurezas.

Si de veras quieres enriquecerte, harías bien en comprarme oro pasado por el crisol, vestidos blancos con que cubrir tu vergonzosa desnudez y colirio con que ungir tus ojos para que puedas ver.

(Apocalipsis 3:18 BLP)

¿Te has dado cuenta de que en nuestra vida ocurre algo semejante?

Aquello que resulta una prueba difícil resultará en oro refinado.

Por cierto, en cierta ocasión preguntaron a un orfebre:

—¿Cuándo sabe que el proceso de purificación del oro ha llegado a su fin? —Y quien interrogaba, aclaró: — Quiero decir, ¿cuándo sabe que el tiempo de fuego ha terminado?

—Cuando me inclino sobre el oro fundido y percibo que mi imagen se refleja en él sin ninguna distorsión... Cuando el oro se convierte en un espejo que refleja fielmente mi imagen, el proceso ha terminado y puedo retirarlo del fuego.

¿Te das cuenta de la enseñanza tan hermosa que este proceso nos transmite?

Quienes aceptamos el proceso de purificación seremos espejos que reflejen con fidelidad la imagen misma de Dios.

———

CUANDO ME INCLINO SOBRE EL ORO
FUNDIDO Y PERCIBO QUE MI IMAGEN SE
REFLEJA EN ÉL SIN NINGUNA DISTORSIÓN...
CUANDO EL ORO SE CONVIERTE EN UN
ESPEJO QUE REFLEJA FIELMENTE MI
IMAGEN, EL PROCESO HA TERMINADO Y
PUEDO RETIRARLO DEL FUEGO.

———

# TAPICES BORDADOS

*Aunque durante un tiempo tengan que soportar muchas di-
ficultades [...] tales dificultades serán una gran prueba de su
fe, y se pueden comparar con el fuego que prueba la pureza
del oro.*

(I Pedro I:6-7a PDT)

La vida no es una serie de accidentes extraños que
ocurren al azar, ni algo que carezca de planifica-
ción. Dios teje con esmero el tapiz de nuestra vida,
el cual tiene hilos de colores, algunos claros y otros
muy oscuros, que pueden representar los tiempos
buenos y malos que nos toca vivir.

Mi abuela disfrutaba bordando telas. Recuerdo
con cariño, matizado de nostalgia, que ella gustaba
de sentarse junto a la cocina de carbón, y al tibio
calor se dedicaba a bordar. Yo jugaba en el suelo y
de vez en cuando levantaba la vista para ver a mi
abuelita bordando.

Lo que yo alcanzaba a ver desde mi posición era la
parte de abajo del bordado, que consistía en un ba-
tiburrillo de hilos de distintos colores, todos ellos
enredados y mezclados sin orden ni concierto. No

me gustaba lo que veía, y lo que más me inquietaba era aquel hilo de color marrón oscuro, que parecía prevalecer sobre el resto, añadiendo un toque siniestro al enredo.

—Abuelita —me atreví a decirle un día—. No me gusta lo que estás haciendo. —Dicen que los niños son fieramente sinceros. Aquel día yo confirmé esa tesis. —Lo que haces es muy feo, muy enredado y muy oscuro...

Solo me sonrió y continuó con su trabajo mientras me decía:

—Hijo, lo que yo hago no lo entiendes ahora, pero lo entenderás después.

Un día, cuando hubo concluido su bordado, mi abuela me alzó en sus brazos y me sentó sobre sus piernas para que viera la obra. Lo que desde abajo parecía algo horrible, visto desde arriba era un hermoso paisaje. Y el hilo marrón que tanto me disgustaba había servido para bordar el suelo donde todo lo demás estaba cimentado.

Así es con nuestra vida: lo que pensamos que nos destruye a menudo nos purifica y nos construye.

En infinidad de ocasiones, cuando la vida se tornaba oscura, incluso un poco espeluznante, las palabras de mi abuelita han resonado en la bóveda de mi mente: «Hijo, lo que yo hago no lo entiendes ahora, pero lo entenderás después».

Si de veras quieres enriquecerte, harías bien en comprarme oro pasado por el crisol,

vestidos blancos con que cubrir tu vergonzosa desnudez y colirio con que ungir tus
ojos para que puedas ver.

(Apocalipsis 3:18 BLP)

———

DIOS TEJE EL TAPIZ DE NUESTRA VIDA,
EL CUAL TIENE HILOS DE COLORES,
ALGUNOS CLAROS Y OTROS MUY OSCUROS,
QUE PUEDEN REPRESENTAR LOS TIEMPOS
BUENOS Y MALOS QUE NOS TOCA VIVIR.
LO QUE HOY PARECE FEO Y AMENAZANTE
COBRARÁ SENTIDO CUANDO LA OBRA ESTÉ
CONCLUIDA.

———

# QUIEN SE MUEVA NO SALE EN LA FOTO

*Queridos amigos, ustedes ya saben estas cosas. Así que manténganse en guardia; entonces no serán arrastrados por los errores de esa gente perversa y no perderán la base firme que tienen.*

(2 Pedro 3:17 NTV)

La interesante expresión con la que se cierra ese versículo, «no perderán la base firme que tienen», me hizo sonreír, pues me trasladó a un episodio hilarante que pude ver en directo. Lo defino como hilarante porque el acontecimiento terminó sin ninguna consecuencia que lamentar, salvo la de alterar el programa previsto para ese día. Mejor te lo explico en detalle y tú sacas las conclusiones.

El baptisterio, situado en el altar de la iglesia, había sido abierto. El gran momento había llegado. Los candidatos al bautismo, vistiendo ropas de blanco angelical, aguardaban ese momento con nerviosismo y gran expectación.

Ahora les invitaron a ascender los tres peldaños para colocarse en fila en el altar y realizar la fotografía de grupo. Fueron subiendo con aparente calma. Tras el último escalón aparecía un estrecho espacio y enseguida el amplio baptisterio lleno de agua. El grupo de candidatos al bautismo debía ubicarse casi en precario equilibrio en aquella estrecha franja de suelo. Frente a ellos estaban las escaleras, y detrás el agua. Con gran cuidado y movimientos lentos y calculados, fueron situándose. Decenas de cámaras estaban preparadas para inmortalizar el momento. Todo discurrió en orden, hasta que una de las damas tuvo la ocurrencia de desplazarse un poco a la derecha para posicionarse mejor en la foto. ¡Nunca lo hubiera hecho! Al posar el pie de nuevo, descubrió con espanto que el suelo había desaparecido, y ella estaba a punto de desaparecer también. El consejo de Pablo, «soportándoos unos a otros» (Colosenses 3:13), pareció brillar fugazmente en la mente de la joven, que de inmediato ofreció la oportunidad de acatarlo al varón más próximo, agarrándolo del brazo para evitar caer al agua. El hermano debía de ser nuevo en la fe pues, no tolerando el peso, se dejó arrastrar al vacío, no sin antes abrazarse a un tercero y este a un cuarto. En una hermosa comunión cristiana, todos se precipitaron al agua, pero antes de sumirse en el abismo agarraron a un quinto y este a un sexto hermano. El último de ellos intentó mantenerse firme y frenar la caída, pero finalmente se unió al venerable Moisés cuando dijo: «No puedo yo solo soportar a todo este pueblo. Me es pesado en demasía» (Números 11:14).

Así todos cayeron al agua ante el estupor de algunos, el temor de muchos y la sorpresa de todos.

Alguien nos dijo luego que había escuchado el comentario de un visitante, quien dijo: «Había oído que los evangélicos bautizaban de modo distinto a los católicos, pero no me imaginaba que fuera así».

Uno de los consejos más sabios y acertados que he recibido a lo largo de mi vida, y que incluyo en el libro *Desde la sala de espera de mi viejo pastor* (p. 39), es el siguiente:

Sé cuidadoso en el ejercicio de tu vocación y selecciona las cargas que admites. Hay tiempos hechos para la actividad, pero hay otros concebidos para la intimidad. No tienes que decir sí a cuantos reclamen tu atención, ni debes admitir todas las demandas de tiempo que sobre ti recaigan [...]. No aceptes todas las cargas; no debes hacerlo... Por el bien de ellos y por tu propio bien, aprende a decir NO [...]. Es muy difícil; pocas veces una palabra tan breve ha tenido tanto peso como el vocablo NO. Es de los más complicados de pronunciar [...], pero recuerda que tu llamado es a cubrir necesidades y no a complacer caprichos [...]. Involucrarte en todas las guerras no te convertirá en héroe, sino en cadáver. La excesiva presión mata la pasión y hace que el placentero servicio se convierta en agotador trabajo.

Agradezco a Dios haber recibido un consejo tan desbordante de sabiduría y, sobre todo, agradezco el haber tenido la fortaleza de ponerlo en práctica. Pocas cosas nos predisponen tanto a perder nuestra firmeza como el activismo. Fue también mi viejo pastor quien me regaló un auténtico tesoro empacado en verbos y adjetivos cuando me dijo: «Hijo, no hay vida más vacía que la que está llena de movimiento desde la mañana y hasta la noche. En ocasiones lo más importante que podemos hacer es no hacer nada, salvo sentarnos a los pies de Cristo y contemplarlo. Después podrás contarle al mundo lo que has visto».

Es posible cocinar tanto para Dios que saquemos a Dios de la cocina. Pero nada es equiparable a vivir en intimidad con el Señor y, desde esa sagrada intimidad, salir catapultados a una eficiente actividad.

---

Involucrarte en todas las guerras no te convertirá en héroe, sino en cadáver. La excesiva presión mata la pasión y hace que el placentero servicio se convierta en agotador trabajo.

---

# EL REFUGIO MÁS SEGURO

*Después de la muerte de Acab, se rebeló Moab contra Israel. Y Ocozías cayó por la ventana de una sala de la casa que tenía en Samaria; y estando enfermo, envió mensajeros, y les dijo: Id y consultad a Baal-zebub dios de Ecrón, si he de sanar de esta mi enfermedad. Entonces el ángel de Jehová habló a Elías tisbita, diciendo: Levántate, y sube a encontrarte con los mensajeros del rey de Samaria, y diles: ¿No hay Dios en Israel, que vais a consultar a Baal-zebub dios de Ecrón? Por tanto, así ha dicho Jehová: Del lecho en que estás no te levantarás, sino que ciertamente morirás. Y Elías se fue.*

(2 Reyes 1:1-4)

Si hay algo de lo que podemos estar seguros es de que a lo largo de la vida vendrán problemas. Es algo inherente a la existencia. Solo los muertos están privados de ello.

Es lógico que, ante la presencia de problemas, los seres humanos busquemos soluciones; la pregunta es ¿dónde las busco? La historia de Ocozías nos brinda un claro ejemplo de lo que ocurre cuando acudimos al lugar erróneo en busca de ayuda.

Acompáñame, te lo ruego, en lo que será un viaje breve, pero muy didáctico:

«Después de la muerte de Acab, se rebeló Moab contra Israel. Y Ocozías cayó por la ventana de una sala de la casa que tenía en Samaria...».

Ocozías acababa de heredar el reino de Israel tras la muerte de Acab, su padre. Este joven ocupaba ahora el trono y, como rey, lo tenía todo: propiedades, riquezas, placeres, seguridad... en definitiva, una vida de lujos. Es tendencia humana pensar que una vida de prosperidad es garantía de felicidad. Podría llegar a serlo siempre que la base y el fundamento de la vida sean los correctos, pero es preciso entender que las riquezas no son un talismán que aleje los problemas. Grandeza es mucho más que riqueza, y felicidad es infinitamente más que prosperidad. Llegarán tormentas que azotarán no solo las casas humildes, sino también el palacio, y, si el fundamento no es fuerte, el castillo puede desplomarse.

Ocozías, al igual que lo hiciera su padre, optó por dar la espalda a Dios, y poco a poco los problemas fueron cercando su vida. Primero fue la rebelión de Moab, una nación que durante los días de su padre se mantuvo sujeta a Israel, pero que ahora se alzó en guerra. Poco después sobrevino un grave accidente: «Ocozías cayó por la ventana de una sala de la casa que tenía en Samaria».

Fíjate, la imagen del rey cayendo por la ventana se me antoja una interesante metáfora: para ocupar altas posiciones conviene tener la mejor sujeción, pues, a mayor altura, mayor riesgo de despeñarse. Cuando seas promocionado y reconocido, aférrate con fuerza de la mano de Dios para que tu posición no sea una amenaza, sino una bendición.

Al parecer, la caída fue tan terrible que quedó en cama, herido de extrema gravedad. Es lógico pensar que recurrió a los mejores médicos del país, pero ellos no pudieron hacer nada. Ni sus riquezas, ni sus posesiones ni sus súbditos pudieron ayudarlo. Todo aquello en lo que confiaba demostró ser completamente inútil.

Y Ocozías cayó por la ventana de una sala de la casa que tenía en Samaria; y estando enfermo, envió mensajeros, y les dijo: Id y consultad a Baal-zebub dios de Ecrón, si he de sanar de esta mi enfermedad...

Cuando Ocozías consideró la gravedad de su condición y fue consciente de la inutilidad de todos sus recursos, decidió enviar a sus siervos para consultar a un ídolo llamado Baal-zebub. Ese nombre significa literalmente: «señor de las moscas», y era un ídolo famoso en Ecrón a quien se atribuían milagros de sanidad. Pero el Señor había condenado a Ecrón por esa idolatría: «Verá Ascalón, y temerá; Gaza también, y se dolerá en gran manera; asimismo Ecrón, porque su esperanza será confundida; y perecerá el rey de Gaza y Ascalón no será habitada» (Zacarías 9:5).

Ocurrió entonces que el Señor envió a su ángel al profeta Elías para reprender esta decisión: «Entonces el ángel de Jehová habló a Elías tisbita, diciendo: Levántate, y sube a encontrarte con los mensajeros del rey de Samaria, y diles: ¿No hay Dios en Israel, que vais a consultar a Baal-zebub dios de Ecrón?». Dios se ofende por la dureza en el corazón de Ocozías: «¿No hay Dios en Israel, que vais a consultar a Baal-zebub dios de Ecrón? Por tanto, así ha dicho Jehová: Del lecho en que estás no te levantarás, sino que ciertamente morirás. Y Elías se fue».

Hemos llegado al final del breve viaje que te anuncié. Gracias por acompañarme en este periplo que, como habrás podido comprobar, no terminó demasiado bien. Cuando buscamos nuestra ayuda en lugares contrarios a la voluntad de Dios, el destino no es bueno.

Hubo otro rey de Israel, de nombre David, que decidió buscar la ayuda en el lugar correcto. Mira cómo concluyó su viaje: «Busqué a Jehová, y él me oyó, y me libró de todos mis temores. Los que miraron a él fueron alumbrados y sus rostros no fueron avergonzados. Este pobre clamó, y le oyó Jehová, y lo libró de todas sus angustias. El ángel de Jehová acampa alrededor de los que le temen y los defiende. Gustad, y ved que es bueno Jehová; dichoso el hombre que confía en él» (Salmos 34:4-8).

Este salmo de David revela la dicha de aquellos que confían plenamente en Dios.

Dependamos en todo tiempo de Él, ya sea en periodos de paz o en tiempos de angustia, tanto en la salud como en la enfermedad, en la pobreza como en la riqueza. En todo momento y para todo, nuestra confianza debe estar en Dios.

---

«BUSQUÉ A JEHOVÁ, Y ÉL ME OYÓ, Y ME LIBRÓ DE TODOS MIS TEMORES».

SALMOS 34:4

---

# SOLO DIOS ES,
# SOLO DIOS PUEDE,
# SOLO DIOS SABE...

*Jehová peleará por vosotros, y vosotros estaréis tranquilos.*

(Éxodo 14:14)

*Pero tú, Señor, estás conmigo como un guerrero invencible;
los que me persiguen caerán, y no podrán vencerme; fra-
casarán, quedarán avergonzados, cubiertos para siempre de
deshonra inolvidable.*

(Jeremías 20:11 DHH)

*Sólo nos queda decir que, si Dios está de nuestra parte, nadie
podrá estar en contra de nosotros.*

(Romanos 8:31 TLA)

Desde mi temprana adolescencia descubrí en la lectura un salvavidas. Siendo un chico tímido en extremo, a quien hablar le provocaba casi sufrimiento, pronto vi que hablar con los libros no me provocaba vergüenza, así que los convertí en mis fieles confidentes. Entre los libros que más disfrutaba estaban los del prolífico autor Max Lucado. No solo me ayudaron a amar más la literatura, sino que fueron parte integral de mi crecimiento espiritual. Sus líneas me inspiraron incluso a soñar. Muchas veces, con el libro entre las manos, levantaba la mirada para descansar la vista y musitaba: «¿Sería posible que algún día yo también escriba un libro?». Rápidamente sacudía la cabeza y me abocaba de nuevo a la lectura, dejando fuera esos pensamientos que me parecían fantasiosos e irreales.

Ni en mis sueños más ilusorios podía concebir que, bastantes años después, uno de mis libros —*El contador de historias*— compartiría candidatura al galardón de Mejor Libro del Año con la más reciente publicación de Max Lucado.

Mientras posaba a su lado para una fotografía, yo creía estar soñando, y mi mente me trasladó junto a aquel adolescente, sentado en el suelo y con la espalda apoyada en la pared, que se preguntaba: «¿Podré yo también escribir un libro algún día?».

En aquel momento me parecían sueños irreales y fantasiosos, pero el libro que ahora mismo sostienes en tu mano es el número treinta y tres de los que Dios me ha permitido publicar. No veas en esto presunción, te lo ruego, porque solo hay gratitud.

Quien se sumergía en la lectura porque la timidez le impedía hablar con las personas hoy te dice: «No dejes de convertir el corazón de Dios en almohada para soñar. ¡Despierta luego para perseguir ese sueño!».

La obra de Dios en mi vida sigue adelante. Todavía lucho con la timidez y con la firme sensación de que cualquiera puede hacer lo que yo hago, y hacerlo muchísimo mejor que yo mismo. Hace cuatro décadas que predico su Palabra, pero hasta el día de hoy, cuando llega el momento de pisar el altar, sigo temblando casi como el primer día. No creo que tenga que ver con miedo escénico, es más bien la conciencia de que voy a ocupar un lugar sagrado que merece la máxima reverencia. La certeza de que frente a mí habrá personas con preguntas que precisan de una respuesta es, en definitiva, la conciencia de que no es a mí a quien precisan escuchar, sino a Él.

Esa sensación de no suficiencia me lanza al abrazo de Jesús en un clamor de ser arropado por su gracia.

Sé que el día que deje de temblar dejaré de servir. Si el mensaje que he de predicar no me preocupa, tampoco les preocupará a quienes me escuchen.

El sabor de tus palabras delatará la profundidad de tu vida. Hablar bien es un talento, pero ser emisario del cielo es un altísimo don que solo se adquiere con la divisa de tiempos de intimidad.

Dios sigue eligiendo a lo sencillo para mostrar su gloria. Mientras Saúl usaba la corona sin Dios, Dios usaba a David sin corona.

Él no busca personalidades increíblemente carismáticas, sino vidas extraordinariamente rendidas.

La personalidad puede abrir puertas, pero solo el carácter las mantendrá abiertas.

¡Por cierto!, tal vez te preguntes quién se alzó con el preciado galardón a mejor libro del año. Max Lucado, por supuesto.

DIOS SIGUE ELIGIENDO A LO SENCILLO PARA MOSTRAR SU GLORIA. MIENTRAS SAÚL USABA LA CORONA SIN DIOS, DIOS USABA A DAVID SIN CORONA.

# LIMPIÉMONOS

*Limpiémonos de toda contaminación de carne y de espíritu.*

(2 Corintios 7:1)

Dios nos ama; por eso desea que disfrutemos de una vida larga y saludable. Con tal objetivo, su Palabra contiene consejos muy sabios y asombrosamente adelantados a la época en que fueron prescritos. En la Biblia hallamos esta invitación: «Y tu corazón guarde mis mandamientos; porque largura de días y años de vida y paz te aumentarán» (Pr 3:1, 2). Es interesante que las Sagradas Escrituras muestran siempre una premisa vinculada a cada promesa. Me explico: «Tu corazón guarde mis mandamientos». Esa es la premisa. «Largura de días y años de vida y paz te aumentarán». Esa es la promesa.

Dios declara que, si guardamos sus mandamientos, nuestra vida será larga y estará exenta de muchas adversidades y enfermedades.

Vemos que Dios le dio a la nación de Israel unas estrictas normas de salud e higiene que son una prueba del amor que nos tiene.

Deuteronomio 23:12-14 (PDT) aborda una temática definitivamente práctica y que hasta pudiera parecer fuera de lugar en un texto sagrado: «Tendrás también un lugar fuera del campamento al que podrás ir a hacer tus necesidades. En tu equipo tendrás una estaca con la que cavarás un hoyo para que entierres tu excremento cuando hagas tus necesidades. Ya que el Señor tu Dios viaja en medio de tu campamento para salvarte y ayudarte a derrotar a tus enemigos, entonces el campamento es sagrado, si él ve algo desagradable puede alejarse de ti».

Pero esas normas eran muy razonables y eficientes para prevenir múltiples infecciones. Cuando los israelitas las obedecían, se libraban de las enfermedades que sufrían otras naciones, como Egipto, que no tenían un código de salud tan avanzado. Deuteronomio 7:12 y 15 (PDT) afirma: «Si obedeces estas leyes y te aseguras de cumplirlas, el Señor tu Dios mantendrá su pacto y el fiel amor que les prometió a tus antepasados. El Señor no permitirá que te enfermes. Tú sabes lo que sucedió en Egipto, pero él no dejará que ninguna de las terribles enfermedades que tuvieron los egipcios te llegue a ti».

Hoy, gracias a Dios, contamos con medidas y procedimientos de higiene que nos protegen de infinidad de infecciones y, si estudiamos con detenimiento las normas de salubridad actuales, descubrimos que casi todas ellas fueron prescritas por Dios hace miles de años.

Sin embargo, es interesante notar que hubo un tiempo en que el ser humano se apartó de esas normas y pagó con creces las consecuencias. Retrocediendo no más de ciento cincuenta años, encontramos unas condiciones de salubridad que fomentaban todo tipo de males.

Por ejemplo, los techos de las casas no tenían cielo y las vigas de madera que los sostenían eran el mejor lugar para que los animales: perros, gatos, ratas y escarabajos se mantuvieran calientes. Cuando llovía, las filtraciones los hacían saltar al suelo y, ya fueran animales o insectos, convivían con los humanos.

Otro ejemplo: las personas más adineradas utilizaban para comer platos de lata, pero ciertos tipos de alimentos oxidaban el material, provocando la muerte por envenenamiento.

Hay una expresión que hace muchos años era sobradamente conocida, y que hoy, gracias a Dios, está en desuso. Me refiero al grito de «¡Agua va!». Esta expresión posee un origen ciertamente escatológico. En épocas pasadas, cuando aún no había en las casas sistemas de desagüe, era costumbre arrojar por los balcones y ventanas que daban a la calle las aguas sucias, orines y demás inmundicias. Para advertir a los transeúntes del peligro, se daba unos segundos tras el grito de «¡Agua va!».

Al escucharlo, la gente se apresuraba a buscar un lugar seguro para guarecerse del sucio chaparrón. Como podrás ver, los hábitos higiénicos de la época eran terribles. Las personas, con suerte tomaban un baño una vez al mes, y no todos los meses. Tal ausencia de limpieza generaba un caldo de cultivo para que virus y bacterias campasen a sus anchas. La alimentación era pésima. Sirva de ejemplo que los tomates, por ser ácidos, se consideraron venenosos durante mucho tiempo. Las tazas de lata se usaban para beber cerveza o *whisky*; esta combinación a veces dejaba al individuo desvanecido en una especie de narcolepsia, inducida por la mezcla de bebida alcohólica con óxido de estaño. Ocurría con relativa frecuencia que al encontrarlo tendido en el suelo se pensaba que estaba muerto, así que recogían el cuerpo y se preparaba para el funeral. Se colocaba el cadáver sobre la mesa de la cocina durante varios días y la familia se quedaba mirándolo, comiendo, bebiendo y esperando a ver si el muerto se despertaba o no. De ahí la expresión «velar al muerto» y el nombre de «velatorio» para el acto de acompañarlo hoy durante unas horas.

Una situación muy particular se daba en pueblos y ciudades pequeñas en las que escaseaba el lugar para enterrar a todos los muertos. Lo que se hacía era que, tras un periodo, se abrían los ataúdes, se extraían los huesos, se colocaban en osarios y la tumba se usaba para otro cadáver. En ocasiones, al abrir los ataúdes, se notaba que había rasguños en la parte interior de la tapa, lo que indicaba que la persona había sido enterrada viva. La narcolepsia podía mantener a la persona inconsciente durante largo tiempo, lo que permitía que, sin los medios de que hoy disponemos para certificar un fallecimiento, una persona desvanecida fuera tomada por muerta.

Surgió la idea de atar un cordel a la muñeca del difunto, pasarlo por un agujero hecho en el ataúd y atarlo a una campana. Después del entierro, alguien quedaba de servicio junto a la tumba durante unos días. Si el individuo se despertaba, el movimiento de su brazo haría sonar la campana. Así sería «salvado por la campana».

Limpiémonos de toda contaminación de carne y de espíritu.

(2 Corintios 7:1)

Este consejo bíblico siempre ha tenido un gran sentido, y se trata de un seguro de vida para el ser humano. Hoy, como siempre, pero tal vez más que nunca, debemos ponerlo en práctica, cuidando celosamente cuerpo y espíritu.

Primera de Corintios 6:19-20 (TLA) nos dice: «El cuerpo de ustedes es como un templo, y en ese templo vive el Espíritu Santo que Dios les ha dado. Ustedes no son sus propios dueños. Cuando Dios los salvó, en realidad los compró, y el precio que pagó por ustedes fue muy alto. Por eso deben dedicar su cuerpo a honrar y agradar a Dios».

DIOS NOS AMA; POR ESO DESEA QUE DISFRUTEMOS DE UNA VIDA LARGA Y SALUDABLE.

# TEN CUIDADO DE TI MISMO

*Ten cuidado de ti mismo y de la doctrina; persiste en ello, pues haciendo esto, te salvarás a ti mismo y a los que te oyeren.*

(1 Timoteo 4:16)

El veterano apóstol, Pablo, está dándole un consejo al joven pastor, Timoteo. El comandante transfiere su experiencia al soldado, y le habla de dos áreas que debe cuidar de manera responsable y persistente:

—*Cuida de ti mismo*: el factor humano e intelectual.

—*Cuida de la doctrina*: el factor doctrinal y espiritual.

Creo que en quienes servimos a Dios es más frecuente cuidar la doctrina que cuidar a quien la transmite. Demasiados hombres y mujeres de Dios se han visto en tesituras de salud muy afectada por no cuidarse: alimentación, descanso, dormir lo suficiente, reír lo suficiente...

Se atribuye a Carlos Wesley, fundador del metodismo, la siguiente frase: «Dios me dio un mensaje que llevar y un caballo para llevarlo. Si mato el caballo, ¿cómo podré llevar el mensaje?».

A veces, lo más espiritual e importante que podemos hacer es dormir.

Esta reflexión me recuerda el caso de un pastor que estaba predicando en una pequeña congregación y se dirigió a una señora cuyo hijo se había quedado dormido y roncaba estrepitosamente.

—Por favor, hermana, despierte a su hijo —le pidió.

—Pastor, mejor despiértelo usted, que fue quien lo durmió.

Un caso similar se dio en otra capilla evangélica: El predicador invitado había finalizado su mensaje y el pastor, desde su asiento, le hizo una señal para que descendiera silenciosamente.

Al llegar junto al pastor, el predicador le dijo:

—Me pide sigilo para mantener el toque del Espíritu, ¿verdad?

—No —confesó el pastor—, es para no despertar a los hermanos.

Es que dormir es una de las necesidades más acuciantes del ser humano.

Podemos pasar siete días sin beber, hasta cuarenta sin comer, pero a partir de las setenta y dos horas sin dormir, se fragua un severo problema de salud, especialmente en la salud mental.

Miremos el caso del profeta Elías:

Y él se fue por el desierto un día de camino, y vino y se sentó debajo de un enebro; y deseando morirse, dijo: Basta ya, oh Jehová, quítame la vida, pues no soy yo mejor que mis padres. Y echándose debajo del enebro,

se quedó dormido; y he aquí luego un ángel le tocó, y le dijo: Levántate, come. Entonces él miró, y he aquí a su cabecera una
torta cocida sobre las ascuas, y una vasija de
agua; y comió y bebió, y volvió a dormirse. Y
volviendo el ángel de Jehová la segunda vez,
lo tocó, diciendo: Levántate y come, porque
largo camino te resta. Se levantó, pues, y
comió y bebió; y fortalecido con aquella comida caminó cuarenta días y cuarenta noches hasta Horeb, el monte de Dios.

(1 Reyes 19:4-8)

La vida del profeta Elías nos inspira por su profundidad, anchura y altura. Sin embargo, aquí
lo vemos sumido en un insondable abismo de
desánimo.

¡Cuidado con minimizar lo que Elías estaba sin-
tiendo! El diagnóstico no puede reducirse a un
episodio de decaimiento, puesto que manifiesta su
deseo de no seguir viviendo. ¡Anhela la muerte!

Sospecho que serán muchos los que, en mayor o
menor medida, puedan sentirse identificados con
la crisis que este profeta vivió.

Hoy en día hay más casos de crisis nerviosas y
depresión que nunca antes en la historia; esto es,
sin duda, legado de dos guerras mundiales cuyo
eco resuena todavía, alentado por los episodios
bélicos que actualmente sacuden el planeta. Es
fruto también de la tensión que produce vivir en
medio de continuos acontecimientos negativos y

bombardeados por noticias deprimentes, además del vertiginoso ritmo que nos exige la vida. El estudio de la Biblia revela que a los cristianos no se les da la garantía de estar libres de los periodos de desaliento.

Al analizar la vida de Elías, descubrí algunos elementos que pueden contribuir a sumirnos en ese estado, así como determinadas salidas para esas situaciones. Si te parece, hagamos pasar al paciente y echemos un vistazo a los antecedentes.

Así quedaría el currículum de Elías:

- *Historial profesional*: Reconocido profeta especializado en el trato al más alto a nivel jerárquico. Fue recibido por reyes y gobernantes.

- *Logros más importantes*: Cerrar, mediante la oración, el cielo para que no diera agua y volverlo a abrir por el mismo medio. Aniquilación de cerca de mil profetas de Baal y Asera tras demostrar que Jehová es el único Dios.

- *Situacion actual*: El desaliento.

¿Qué conclusión extraigo de estos datos?

El desaliento no siempre está relacionado con episodios de fracaso, sino que puede seguir a éxitos rotundos. Es posible, y hasta resulta probable, que tras un notable triunfo el paladar de nuestra alma se impregne del acre sabor del desánimo.

Resulta esencial llevar cada uno de nuestros fracasos, pero también los aciertos, al pie de la cruz.

Es allí, arropados por el manto de su presencia, donde lograremos digerir cada uno de ellos, porque el éxito mal digerido intoxica y el fracaso mal asimilado puede matar.

Hagamos del regazo de Jesús nuestro domicilio espiritual. Es el mejor observatorio desde el que contemplar la vida.

Por supuesto que una de las razones principales de la debacle emocional de Elías fue su agotamiento, pero quisiera tratar ese punto con más calma en mi siguiente reflexión.

---

El desaliento no siempre está relacionado con episodios de fracaso, sino que puede seguir a éxitos rotundos. Es posible, y hasta resulta probable, que tras un notable triunfo el paladar de nuestra alma se impregne del acre sabor del desánimo.

---

# EL DESALIENTO:
# CAUSAS Y REMEDIO

*Y él se fue por el desierto un día de camino, y vino y se sentó debajo de un enebro; y deseando morirse, dijo: Basta ya, Oh Jehová, quítame la vida, pues no soy yo mejor que mis padres.*

(1 Reyes 19:4)

Tan importante como diagnosticar nuestro decaimiento anímico es identificar las causas que lo originaron. Hoy te propongo que nos acerquemos a la historia de Elías con el objetivo de localizar los pasos que dio hacia el valle del desaliento. Analizar el camino recorrido será medicina preventiva para todos.

Alguien dijo que la fisiología afecta a la psicología, y viceversa. Somos seres tripartitos (espíritu, alma y cuerpo), y esos tres ámbitos de nuestro ser están claramente interconectados. Una mala digestión afectará mi estado emocional, y un enfado desmedido, sostenido por suficiente tiempo, puede destruir mi hígado.

Observemos a nuestro magno paciente:

1. *Causas físicas*

Elías había pasado un día entero rodeado por los cientos de profetas de Baal, viendo cómo estos invocaban a su dios en la cumbre del monte Carmelo. A continuación, fue él quien se sumió en una profunda invocación. La intensidad de su oración a Dios para que hiciese lo que no había hecho Baal fue extraordinaria. Dios contestó de forma prodigiosa y el poder del Señor se puso de manifiesto. Después, Elías destruyó a los profetas de Baal. Sin comer ni beber, se entregó a la oración intensa para pedir lluvia y, cuando los cielos se abrieron regando la tierra seca y resquebrajada, Elías corrió cincuenta kilómetros, aún en ayunas, para llegar a Jezreel.

2. *Causas del alma*

Elías estaba profundamente herido en su amor propio: «No soy yo mejor que mis padres» decía sorprendido. ¡Él siempre había pensado que lo era! Reprochaba a Dios declarando: «He sentido un vivo celo por Jehová», como diciendo: «Después de mis extraordinarios sentimientos, me pagas así». En el colmo de la osadía dijo: «Soy el único profeta que queda». «Soy único y no merezco esto».

Sentir que me aplican un trato injusto es una emoción muy tóxica. Debemos extremar la prudencia, pues una sobredosis de victimismo puede resultar letal.

3. *Causas espirituales*

Elías había anhelado y orado por un avivamiento extenso y permanente en Israel. De repente sintió que todo su mensaje y todo su trabajo no había dado ningún fruto, «Solo yo he quedado», es decir, «No he ganado a nadie». El agricultor espera ver brotes de vida en la tierra sobre la que derramó la semilla. El hortelano anhela que los árboles que sembró y cuidó con esmero exhiban jugosas frutas en sus ramas. El predicador suplica por vidas transformadas como respuesta al mensaje proclamado. Por eso Elías percibió en su paladar el acre sabor del fracaso: «Solo quedo yo», lamentaba.

———

SOMOS SERES TRIPARTITOS (ESPÍRITU, ALMA Y CUERPO), Y ESOS TRES ÁMBITOS DE NUESTRO SER ESTÁN CLARAMENTE INTERCONECTADOS.

———

# REMEDIO DIVINO
## PARA EL DESALIENTO

*Y él se fue por el desierto un día de camino, y vino y se sentó debajo de un enebro; y deseando morirse, dijo: Basta ya, Oh Jehová, quítame la vida, pues no soy yo mejor que mis padres.*

(1 Reyes 19:4)

La petición fue: «Quítame la vida», pero Dios en ningún caso concedió el dramático deseo de su siervo, sino que trató de forma personal con él, levantándolo y sanándolo.

Le hizo que se retirara a un lugar solitario donde pudiera hablarle a solas y manifestarse ante él de una forma nueva. Luego le recetó dos buenos periodos de dormir y descansar, dos comidas de pan cocido en el horno de Dios, grandes tragos de agua sacada de los manantiales del cielo y, por último, el mensaje alentador de que no estaba solo, pues había otros siete mil profetas que eran fieles a Dios, y uno de estos, Eliseo, le fue dado por compañero (1 R 19:5-8).

En ese caso, al igual que en otros muchos, vemos que Dios conjuga su trato al cuerpo con su trato a la mente y al espíritu de sus siervos. El resultado es una sanidad integral operada por su mano.

En el apasionante relato que la Biblia ofrece de la vida de Elías descubrimos varias claves esenciales para la prevención del agotamiento en todas sus formas: física, mental, emocional y espiritual. A continuación, presentaré los principios que extraigo tras un reposado análisis de la crisis que vivió el profeta Elías.

- Entregar un excesivo capital físico y nervioso, aun en el servicio a Dios, da al enemigo una gran oportunidad de atacar nuestra vida espiritual.
- Cuando estamos cansados, ya sea en el cuerpo o en la mente, nuestra vulnerabilidad se incrementa.
- No deberíamos tomar ninguna decisión importante cuando nos sentimos cansados o desanimados. No tomes decisiones permanentes por situaciones transitorias.
- El desaliento no siempre sigue a un fracaso, puede venir después de un notable éxito.
- Debemos pesar y pensar muy bien los consejos de nuestros particulares Jetros. Delegar trabajo y dejar de realizar algunos cometidos puede traer un resurgimiento espiritual.
- Hacer equipo y formar a otros para repartir funciones es una de las más acuciantes necesidades de todos los líderes.

•El desaliento ocasionado por un aparente fracaso, si no se le opone el escudo de la fe, provocará un desastre en nuestro espíritu. Muchas veces tal fracaso es más aparente que real.

•Acostarse temprano y llevar un régimen alimenticio adecuado curará muchos casos de depresión y evitará problemas cardiacos. «Tengo tanto que hacer —dijo un conocido filósofo— que debo acostarme».

•Ser conscientes del amor de Dios es una de las más altas revelaciones que podemos tener. Un vislumbre de cuánto me ama curará mi desánimo. El descubrimiento de cuánto ama Dios a cada persona me moverá a amarla también.

Dios se complace en restaurar cada alma desalentada a una esfera de mayor utilidad. Se ha especializado en tomar las ruinas de mi presente y levantar con ellas un palacio.

---

Dios conjuga su trato al cuerpo, a la mente y al espíritu de sus siervos. El resultado es una sanidad integral operada por su mano.

---

# MÚSICA EN LAS SOMBRAS

*Pues nuestras dificultades actuales son pequeñas y no dura-*
*rán mucho tiempo. Sin embargo, ¡nos producen una gloria*
*que durará para siempre y que es de mucho más peso que las*
*dificultades!*

(2 Corintios 4:17 NTV)

Ese día, antes de mi conferencia en el vigésimo oc-
tavo encuentro de editores y libreros que el Centro de Literatura Cristiana organizó en Bogotá, un
niño subió al estrado y tuvo un tiempo de adoración con una rudimentaria flauta fabricada por su
madre, con un simple tubo de PVC.

Por supuesto, no sonaba con la calidad de una
Yamaha, ni producía la extraordinaria respuesta
y el cálido sonido de una Gemeinhardt. Pese a la
sencillez del instrumento musical con el que in-
terpretaba, me conmovió la sensibilidad de aquel
niño que apenas había inaugurado su noveno año
de vida. Adoraba de forma genuina.

Poco después conocí su historia, y me quebrantó.

Aquel muchacho siempre quiso hacer música,
pero no había dinero en casa, por lo que su madre le fabricó una flauta con una tubería de PVC,
la misma flauta con la que había interpretado esa

mañana. Un día lograron hacerse con unas entradas para escuchar a una sinfónica en el Movistar Arena de Bogotá, el escenario más importante de Colombia. Adquirieron los asientos más baratos, por lo que estuvieron en el lugar más alto y alejado. A punto de comenzar el concierto, se fue la luz de todo el palacio de conciertos. En la oscuridad, este niño comenzó a hacer sonar su flauta, logrando un impresionante silencio y conmoviendo al auditorio, que respondió con un enorme aplauso. Cuando regresó la luz, el director de la sinfónica quiso conocer al intérprete de las sombras y le hizo subir al escenario. Asombrado de que fuera un niño de tan corta edad, le invitó a interpretar con su rústica flauta ante los trece mil espectadores que llenaban el palacio. Allí mismo le regalaron una flauta de la más alta calidad y le abrieron el camino para que se formase musicalmente, prometiéndole un lugar en aquella misma orquesta.

Esa mañana, justo antes de que yo impartiera mi conferencia, aquel niño adoró con sus dos flautas, la que su madre le había fabricado con una tubería de PVC y la que consiguió en el Palacio de Congresos más importante de Colombia. Adoró con ambas, manteniendo su delicioso espíritu humilde y preparando una maravillosa atmósfera de adoración para que yo predicase.

Todo comenzó con una decisión: hacer de mi humilde instrumento de adoración una fuente de alabanza en medio de las sombras.

Debo entender que el propósito de Dios es más grande que mis problemas y mi dolor. ¡Dios tiene un plan! Debo mirar más allá del dolor temporal y entender que lo que hoy vivo traerá un beneficio a largo plazo en mi vida.

Romanos 5:3-5 dice: «Pero también nos alegra tener que sufrir, porque sabemos que así aprenderemos a soportar el sufrimiento. Y si aprendemos a soportarlo, seremos aprobados por Dios. Y si él nos aprueba, podremos estar seguros de nuestra salvación. De eso estamos seguros: Dios cumplirá su promesa, porque él nos ha llenado el corazón con su amor, por medio del Espíritu Santo que nos ha dado» (TLA).

¿Cuál es el propósito de los problemas y dificultades? Dios quiere que aprenda algo. Cada tormenta es una escuela. Cada prueba es un maestro. Cada experiencia es una educación. Cada dificultad es para mi desarrollo.

La mayoría de nosotros somos aprendices lentos. Y, como dice el pastor Rick Warren: «Si no aprendes algo, Dios lo traerá de nuevo en tu vida. Va a volver, porque Dios está más interesado en tu carácter que en tu comodidad. Él está más interesado en que te parezcas más a Cristo de lo que lo está en hacer las cosas fáciles para ti».

Algunos de ustedes que leen estas páginas enfrentan una dificultad importante en este momento. Puede tratarse de una enfermedad, de sentimientos de culpa, problemas financieros o tensión en una relación.

Descansa, confía y espera. Puedes estar plenamente seguro de que «Nuestras dificultades actuales son pequeñas y no durarán mucho tiempo. Sin embargo, ¡nos producen una gloria que durará para siempre y que es de mucho más peso que las dificultades!» (2 Corintios 4:17 NTV).

———

DIOS QUIERE QUE APRENDA ALGO: CADA TORMENTA ES UNA ESCUELA. CADA PRUEBA ES UN MAESTRO. CADA EXPERIENCIA ES UNA EDUCACIÓN. CADA DIFICULTAD ES PARA MI DESARROLLO.

———

# RECUERDO PERFECTAMENTE HABERLO OLVIDADO

*Si regresas a mí te restauraré para que puedas continuar sirviéndome.*

(Jeremías 15:19 NTV)

Escuché de un reconocido siervo de Dios que había caído en pecado. La noticia me entristeció mucho y varios días después un amigo y yo lo comentábamos y tomamos un tiempo para orar por él y por su familia.

Terminada la oración, ambos estábamos muy conmovidos. Enfoqué mis húmedos ojos en las lágrimas que teñían la mirada de mi amigo.

—¿Cómo es posible que un ministerio tan sólido se venga abajo de repente? —interrogué—. Tenía un matrimonio firme y sólido. ¿Cómo puede ser que algo así se quiebre de pronto? —seguí inquiriendo.

Suspiró mi amigo antes de afirmar:

—Estas cosas no ocurren de pronto ni de repente. —Tras un reflexivo silencio, concluyó:— El desplome se produce en un instante, pero toda debacle tiene un proceso de gestación.

Me hizo recordar a la secoya. ¿Oíste hablar de ella? Es el árbol más gigantesco que existe. Algunos ejemplares alcanzan doscientos treinta metros de altura y en la base de su tronco llegan a tener quince metros de diámetro,

Sin embargo, hubo casos de secoyas que se vinieron abajo por el empuje de una mano o por una racha de viento.

¿Qué logró tumbar al gigante? ¿Fue la racha de viento? ¿Tuvo la culpa el empuje de una mano?

Permite que lo repita: el desplome se produce en un instante, pero toda debacle tiene un proceso de gestación.

Durante muchos años, unos pequeñísimos insectos fueron minando las raíces, hasta que el gigante de la naturaleza estaba muerto. Nada de eso afectó su apariencia. Era un cadáver de impecable apariencia.

Asombraba con su aspecto... pero era un cadáver. Bastó un pequeño vendaval para que la muerte quedase en evidencia.

Sin embargo, hoy no quiero incidir en la muerte, sino en cómo tratamos al que ha caído. Son muchos los pregoneros de juicio y castigo que profieren condenas carentes de misericordia. Hay talibanes del evangelio que cargan la tinta en el juicio, muy pocos se enfocan en la gracia.

La voz de Dios irrumpe como una saeta de luz que rasga la oscuridad del pecado y de la culpa:

Regresen a mí y yo me volveré a ustedes, dice
el SEÑOR de los Ejércitos Celestiales.

(Zacarías 1:3 NTV)

¡Qué maravillosa es la misericordia de Dios! Él
perdona y olvida. No hace astillas del árbol caído.
Lo levanta, lo restaura y vuelve a arraigarlo en la
tierra de su gracia.

Cada vez que escuchamos la noticia de alguien
que «cayó» nos estremecemos, y es que hace más
ruido un árbol que cae que mil que crecen en silencio. Pero yo prefiero guarecerme a la sombra de
los que crecen con fidelidad, antes que hacer astillas del caído. Si me aproximo al desplomado, será
con el objetivo de ayudarlo a levantarse.

Nunca mires desde arriba al que cayó, excepto
para inclinarte hacia él y ayudarle a levantar.

Dios nos ayude a ser restauradores y no demole-
dores. La misericordia, dice la Biblia, es una señal
de sabiduría. La misericordia es dar a las personas
lo que necesitan, no lo que se merecen. Cuando
alguien tropieza, no lo juzgas. Le animas. La misericordia consiste en perdonar y tener gracia. Es
tratar a las personas como Dios te trata a ti.

Proverbios 17:9 (NTV) dice: «Cuando se perdona
una falta, el amor florece, pero mantenerla presente separa a los amigos íntimos».

A Clara Barton, fundadora de la Cruz Roja
Americana, una amiga le recordó una cosa especialmente cruel que alguien le había hecho años

atrás. Barton respondió como si no lo recordara, y la amiga le preguntó: «¿No lo recuerdas?». Su famosa respuesta fue: «No, recuerdo claramente haberlo olvidado».

¿Qué eliges olvidar por amor y sabiduría? Hacer hincapié en los errores no ayuda. Lo que es útil y amoroso es la misericordia.

---

«VOLVED, CAUTIVOS, A LA CIUDAD
FORTIFICADA, VOLVED ESPERANZADOS;
HOY MISMO OS ANUNCIO QUE OS DARÉ
DOBLE RECOMPENSA».
(ZACARÍAS 9:12 BLP)

---

# HABLA VIDA,
## SILENCIA A LA MUERTE

*La palabra amable es árbol de vida; la palabra perversa destruye el espíritu.*

(Proverbios 15:4 PDT).

Las palabras que dices y el tono en que las dices marcan la diferencia. La palabra amable es árbol de vida: habla vida a las personas que amas. Habla vida también a las personas que no te aman. Incluso a las que parecen odiarte e intentan hacerte tropezar. Cada vez estoy más convencido de que Dios utiliza a mi favor todo lo que quieran enviar en mi contra. Él revierte el efecto, transforma los dardos en vitaminas y convierte los abismos en plataformas que me elevan.

Háblate vida a ti mismo, especialmente cuando en torno a ti parezca prevalecer la derrota y la muerte. Si Dios permite que las luces se apaguen, es porque hará milagros en la sombra. Solo en los momentos de oscuridad descubrimos lo que verdaderamente ilumina.

Me asomé hoy a la noche y vi la luna irresistiblemente bella. Recordé, entonces, que hay frutas

que solo maduran bajo la luz de la luna, porque el
sol las quema. Recordé, además, que en ese tiempo
de sombra el mundo se ordena. Entendí, en definitiva, que vivir bajo la luz del sol es maravilloso,
pero hay tesoros escondidos en la noche y verdaderas joyas que yacen ocultas en los pliegues de la
sombra.

Sol constante sin lluvia crea un desierto. Incluso
la más feroz tormenta fertiliza la tierra de nuestro
corazón.

Quiero presentarte determinadas conclusiones a
las que he llegado al reflexionar sobre esto de ha-
blarnos palabras de vida, y no de muerte:

1. Pensar demasiado es tu peor enemigo. La
vida es demasiado corta para pasarla en guerra
contigo mismo.

> *Todo lo amable [...] en esto pensad.*
>
> (Filipenses 4:8)

2. A veces todo está en tu cabeza. El mal que
temes no ocurrirá y, mientras lo temes, pierdes
la paz. No dejes que las preocupaciones te roben
toda la felicidad.

3. El tiempo no cura el dolor emocional, tienes que aprender a dejarlo ir. La oración es un
magnífico vehículo donde cargar los dolores y
ponerlos rumbo al cielo.

*Venid a mí los que estáis trabajados y cargados, y yo os haré descansar.*

(Mateo 11:28)

4. Preocuparse es como una mecedora: te da algo que hacer y te mantiene en constante movimiento, pero no te lleva a ninguna parte.

5. Si va a ocurrir, ocurrirá. Si no ha de ocurrir, no ocurrirá. Angustiarte por ello no cambiará nada, excepto que te dejará sin fuerzas emocionales.

*Yo sé los pensamientos que tengo acerca de vosotros...*

(Jeremías 29:11)

6. La ansiedad es una fina corriente de miedo que recorre la mente. No dejes que tu mente intimide a tu cuerpo, porque la psicología daña a la fisiología.

7. Si quieres ser feliz, no te quedes en el pasado, no te preocupes por el futuro y céntrate en vivir plenamente el presente.

*La paz os dejo, mi paz os doy [...] no se turbe vuestro corazón, ni tenga miedo.*

(Juan 14:27)

---

Si Dios permite que las luces se apaguen, es porque hará milagros en la sombra. Solo en los momentos de oscuridad descubrimos lo que verdaderamente ilumina.

---

# EL CINCEL DE DIOS

*Y hablaba Jehová a Moisés cara a cara, como habla cual-
quiera a su compañero. Y él volvía al campamento; pero el
joven Josué hijo de Nun, su servidor, nunca se apartaba de
en medio del tabernáculo.*

(Éxodo 33:11)

*En aquellos días sucedió que crecido ya Moisés, salió a sus
hermanos, y los vio en sus duras tareas, y observó a un egipcio que golpeaba a uno de los hebreos, sus hermanos.
Entonces miró a todas partes, y viendo que no parecía nadie,
mató al egipcio y lo escondió en la arena.*

(Éxodo 2:11-12)

*Y aquel varón Moisés era muy manso, más que todos los
hombres que había sobre la tierra.*

(Números 12:3)

Éxodo 2:11 muestra a un Moisés iracundo y des-
controlado que llega a cometer asesinato.

Números 12:3 nos presenta a un Moisés tem-
plado y pacífico.

Éxodo 33:11 nos muestra el puente que conecta
a ambos Moisés. El primer gran ajuste que Moisés hizo en su vida fue anteponer la comunión con

Dios a la relación con las personas. Se hizo más «orante» que «orador». Ese gran ajuste afinó de manera determinante su temperamento.

El capítulo dos de Éxodo muestra a Moisés iracundo y agresivo. Otros episodios lo muestran igualmente colérico: en un momento dado se interpone entre dos que discutían e intenta imponer la ley; más adelante se enfrenta él solo contra un grupo de pastores y, por lo que se deduce del texto, sale victorioso de la confrontación. Pero lo más asombroso es que, como dijimos antes, en un arranque de ira, Moisés llegó a asesinar a un egipcio que maltrataba a un hebreo.

El caso de Moisés es ilustrativo de la escalada de violencia en la que un temperamento puede colocarnos cuando no sabemos gestionarlo y subyugarlo.

A la luz de esto, volvamos a mirar el texto bíblico: «Y aquel varón Moisés era muy manso, más que todos los hombres que había sobre la tierra» (Números 12:3).

¿Moisés, el hombre más manso en la tierra?

¿Estamos hablando de la misma persona?

¿Cómo puede entenderse un cambio tan drástico y radical?

¿Cómo llegó a producirse esta transformación?

Y hablaba Jehová a Moisés cara a cara, como habla cualquiera a su compañero.

(Éxodo 33:11)

Me afirmo en la idea de que esa comunión íntima con Dios fue determinante en la transformación de Moisés.

Un vistazo a la majestad de Dios nos hace descender del trono y nos apea del pedestal. ¿Quién puede pretender brillar al estar junto al sol? La ira mata, pero no a aquel contra quien la desplegamos. La ira destruye a quien la contiene y la proyecta. Es algo equiparable a la abeja que hinca su aguijón. ¿Sabías que después de hincarlo muere? Las abejas son el claro ejemplo de artrópodos venenosos que utilizan un aguijón para transmitir su veneno a otra especie de la cual percibe una amenaza, pero, a diferencia de otros insectos, el aguijón de la abeja es especial. ¿Por qué? Cuando la abeja entierra su aguijón, ya no puede sacarlo, debido a la forma del arpón y por la contracción involuntaria de la piel.

La abeja, en un intento por desprenderse de la piel, termina perdiendo su aguijón, dejando atrás no solo este órgano punzante, sino también sus «vísceras». Este desgarro es lo que provoca su muerte minutos después.

Es un claro ejemplo de las consecuencias de dejarse llevar por la ira.

Un verano, durante mi estancia en el lugar de vacaciones con la familia, tuve la oportunidad de asistir a dos momentos importantes que tuvieron al fuego como protagonista.

El primero comenzó cuando, estando en la playa, observamos que de unos montes cercanos se levantaba una estremecedora columna de humo; rápidamente, nos dimos cuenta de que la montaña estaba ardiendo. Enseguida, el cielo quedó cubierto por una espesa humareda, tan densa que impedía el paso de la luz del sol. En pleno mediodía, la tierra se vio sumida en un anochecer. Pensé que era muy feo el aspecto que brindaba la muerte. El fuego se prolongó por demasiadas horas. En la noche era terrible mirar a los montes, que parecían gigantescas antorchas.

Cuando los efectivos de bomberos, protección civil y destacamentos militares lograron controlar y sofocar el incendio, recorrí las laderas abrasadas y casi daban ganas de llorar. Donde antes prevalecía la vida, ahora todo era muerte. La mezcla maravillosa de colores que antes daba a los montes el aspecto de tapices naturales ahora estaba sumida bajo un manto de color negro.

Todo era siniestro. Quedamos conmocionados ante la mortandad que el fuego podía provocar.

El verano siguió su curso y varios días después, cerca de la medianoche, nos acercamos a la playa para asistir a un magnífico espectáculo de pirotecnia. Nunca había visto tan de cerca un espectáculo como aquel. La noche se llenó de color y el cielo nocturno se transformó en un lienzo sobre el que se dibujaron auténticas maravillas con el pincel de la pirotecnia. Quedamos asombrados por la belleza que el fuego era capaz de crear.

En ambos casos, el fuego tuvo protagonismo, pero la diferencia fue extraordinaria: en un caso, sembró el terror y la muerte y, en el otro, llenó de luz la noche y provocó sonrisas y alegría. ¿La diferencia? En el segundo caso, el fuego estaba convenientemente controlado.

Exactamente igual es con un temperamento sujeto a un carácter.

La oración es el cincel de Dios que modela nuestro temperamento y crea en nosotros un verdadero carácter

----

Un vistazo a la majestad de Dios nos hace descender del trono y nos apea del pedestal. ¿Quién puede pretender brillar al estar junto al sol?

----

# EPÍLOGO

No te digo «adiós», sino «hasta pronto».
Cierro este libro a punto de abrir las cajas con la decoración navideña que enseguida engalanará mi hogar. Son las 7:58 de la mañana de un jueves: el de Acción de Gracias. Una jornada con aroma de fe, de gratitud y de esperanza. Hoy, oficialmente, daremos la bienvenida a la Navidad. Será la primera sin mi madre sentada a la mesa. ¡Qué cierto es que el final de diciembre actúa de gigantesca lupa sobre las ausencias! Pero decido mirar a los que quedan. Hay risas por escuchar, aunque algunas se hayan silenciado. Quedan manos por apretar y abrazos por dar y recibir... Aún hay vida y aún hay Dios, quien con su presencia es capaz de mitigar el vacío que deja la ausencia.

Enseguida prenderé la chimenea y, mientras el reconfortante calor abriga la casa, buscaré el cálido abrazo de Dios que arropa el alma. En cada amanecer hay un poema vivo de esperanza, y hoy, mientras el sol se despereza por el Este, decido creer que la vida está tejida con hilo de gozo, por más que algunas hebras de lana oscura se entrometan en el tapiz.

No puedo evitar que aparezca el paisaje perturbador, pero sí puedo apartar de él la vista y fijarla en otro punto, porque para ver más claro casi siempre basta con cambiar el enfoque de la mirada. Algunos, mirando al horizonte, ven un final sin esperanza, mientras que otros ven una esperanza sin fin. Opta por lo segundo. Si estás leyendo esto, ¡te felicito, estás vivo! Si eso no es una razón para sonreír, entonces no sé qué lo es. ¿Anocheció en tu vida? ¿Se extinguió la luz de una amada compañía o el resplandor de un proyecto ilusionante? Recuerda que la fe es como una estrella; no puede ser vista en el Sol de la prosperidad, pero se revela en la noche de la adversidad.

Si me acompañaste hasta aquí en la lectura, te debo una. Gracias por regalarme una porción de lo más importante que tienes: tu tiempo, es decir, tu vida. ¡Ojalá hayas crecido! Pienso que un libro debe ser un viaje que nos nutra y enriquezca. Si acabo un libro siendo del mismo tamaño, ese escrito fue un fraude. Algo debe crecer en nosotros cuando leemos: el conocimiento, la fe, la ilusión, la esperanza... No podemos ser los mismos tras ingerir doscientas páginas impregnadas en alma. Cuando leo sé apreciar la inteligencia de un escritor o la fluidez y elegancia de su estilo, pero busco mucho más que eso. Hay obras que parecen evaporarse casi de inmediato después de haberlas leído, pero otras dejan emociones intensas que permanecen vivas en la mente. Creo que los grandes libros no se distinguen por agitar la cabeza, sino por sacudir el corazón. Leer no es el mero acto cognitivo de descifrar signos; implica un baile de significados que provoca una resonancia más allá de lo puramente intelectual.

Por mi parte, empapé la pluma en el corazón de Dios para redactar estas líneas. Siempre he creído que lo que nace en su corazón afecta positivamente al nuestro. Es mi oración y ferviente deseo que este maremagno de verbos y adjetivos haya dibujado una sonrisa en tus labios y prendido alguna luz en tu alma.

Cierro este manuscrito, ahora sí, para abrir las cajas navideñas.

¡Feliz Navidad!

¿No es diciembre mientras me lees? No tiene ninguna importancia; ya sea febrero, o abril, o septiembre. Navidad no es una fecha del calendario, sino una condición del corazón. Cada vez que soñamos, cada vez que nos damos, cada vez que creemos, es Navidad.

Concluido en Madrid,
el 23 de noviembre del 2023.

# ¿HAS LEÍDO ALGO BRILLANTE Y QUIERES CONTÁRSELO AL MUNDO?

**Ayuda a otros lectores a encontrar este libro:**

- Publica una reseña en nuestra página de Facebook @**GrupoNelson**

- Publica una foto en tu cuenta de redes sociales y comparte por qué te agradó.

- Manda un mensaje a un amigo a quien también le gustaría, o mejor, regálale una copia.

¡Déjanos una reseña si te gustó el libro! ¡Es una buena manera de ayudar a los autores y de mostrar tu aprecio!

Visítanos en **GrupoNelson.com** y síguenos en nuestras redes sociales.